Mosaik
bei GOLDMANN

Buch

Das Frauen-Sexbuch, das wirklich etwas bewegt. Sex sollte die schönste Nebensache der Welt sein, doch Probleme im Bett sind keine Ausnahme. Vor allem Frauen sind oft mit ihrem Liebesleben unzufrieden und fühlen sich unter Druck gesetzt. Die erfahrene Therapeutin Diana Ecker zeigt offen und einfühlsam, was sexuelle Störungen sind und wie sie entstehen. Sind die Ursachen erkannt, helfen praxisnahe Beispiele und Übungen für Beckenboden und Vagina, den eigenen Körper besser kennen zu lernen und sinnliche Bedürfnisse auszuleben.
Die Autorin spricht vielen Frauen aus der Seele, denen es schwer fällt, Probleme und Gefühle in Worte zu fassen. Scham, Schuldgefühle und Angst hindern sie daran. Dieses Buch bricht das Schweigen, räumt auf mit einem überholten Tabu, zeigt Frauen den Weg zu lust- und liebevollem Sex und zu einem vertrauensvollen Verhältnis zum Partner.

Autorin

Diana Ecker, geboren 1957, ist Diplompsychologin mit den Schwerpunkten Sexual-, Verhaltens- und Integrative Therapie. Nach langjähriger Arbeit als klinische Psychologin ist Ecker heute in eigener Praxis in Bad Dürkheim sowie als Supervisorin und Lehrtherapeutin tätig.

Diana Ecker

Aphrodites Töchter

Wie Frauen zu erfüllter Sexualität finden

Mosaik
bei GOLDMANN

FSC
Mix
Produktgruppe aus vorbildlich
bewirtschafteten Wäldern und
anderen kontrollierten Herkünften

Zert.-Nr. SGS-COC-1940
www.fsc.org
© 1996 Forest Stewardship Council

Verlagsgruppe Random House FSC-DEU-0100
Das für dieses Buch verwendete FSC-zertifizierte Papier *Munken Print*
liefert Arctic Paper Munkedals AB, Schweden.

2. Auflage
Vollständige Taschenbuchausgabe Juni 2004
Wilhelm Goldmann Verlag, München,
in der Verlagsgruppe Random House GmbH

Umschlaggestaltung: Design Team München
Umschlagfoto: Mauritius, AGE
Druck und Bindung: GGP Media GmbH, Pößneck
Schl · Herstellung: IH
Printed in Germany
ISBN 10: 3-442-16572-5
ISBN 13: 978-3-442-16572-8

www.goldmann-verlag.de

Inhalt

Einleitung

Wenn Sie, liebe Leserin, dieses Buch zur Hand nehmen, kenne ich selbstverständlich nicht die Gründe, die Sie zu diesem Buch haben greifen lassen. Möglicherweise haben Sie das Bedürfnis, alte Wissenslücken zu schließen. Oder das Thema erregt Ihre Neugierde, und Sie wollen noch etwas dazulernen. Vielleicht sind Sie auch mit Ihrem Sexualleben unzufrieden und möchten herausfinden, ob Ihnen dieses Buch Hilfestellung bieten kann?

In meiner psychotherapeutischen Praxis habe ich die Erfahrung gemacht, dass viele Frauen aus den unterschiedlichsten Gründen mit ihrem Sexualleben unzufrieden oder gar unglücklich sind. Oft dauert es Jahre, manchmal Jahrzehnte, bis sie den Mut fassen, darüber zu sprechen. In jüngerer Zeit kommt es jedoch immer häufiger vor, dass Frauen von sich aus eine Sexualtherapie wünschen, weil sie nicht mehr willens sind, auf Sexualität zu verzichten oder sie auf eine Art und Weise zu leben, die sie unzufrieden macht.

Wenn Sie zu diesen Frauen gehören, möchte ich Ihnen sagen:

- Ja, Sie haben ein Recht auf ein befriedigendes Sexualleben. Mit oder ohne Partner.
- Ja, dies ist keine Unmöglichkeit. Sie haben vielleicht mehr in der Hand, als Sie glauben.
- Ja, es ist nicht leicht. Und Sie brauchen Geduld, Ausdauer und den Glauben an sich selbst, dass Sie es schaffen können.

Vielleicht verspüren Sie jetzt eine gewisse Ängstlichkeit. Oder Sie sind skeptisch. Vielleicht denken Sie auch: »Nur keine zu hohen Erwartungen, die Enttäuschung folgt bestimmt.« Oder: »Die hat gut reden, die weiß ja nicht, wie vertrackt meine Partnersituation ist.« Oder: »Ich habe in meinem ganzen Leben noch nie einen Orgasmus erlebt. Warum sollte das jetzt möglich sein?«

Dies sind typische, so genannte negative Gedanken, wie sie sich manche Menschen unentwegt vor Augen halten. Diese Gedanken verhindern einerseits, dass Sie sich Hoffnungen auf Verbesserungen machen. Sie schützen Sie quasi vor Enttäuschungen. Andererseits verhindern diese Gedanken aber auch, dass Sie neues Verhalten in Angriff nehmen. Damit bestätigen Sie sich nur, dass bei Ihnen letztlich Hopfen und Malz verloren ist. Kommt Ihnen diese Einstellung bekannt vor?

Überprüfen Sie, welche negativen Gedanken Sie dazu veranlassen könnten zu sagen, dass sich sowieso nichts ändern wird. Notieren Sie, was Ihnen durch den Kopf geht.

Wenn Sie dies getan haben, sind Ihnen die gedanklichen Stolpersteine bewusster. Und Sie können beim weiteren Lesen darauf Bezug nehmen. Etwa wenn es darum geht, Ihr persönliches Problem- und Wunschprofil zu erstellen. Oder wenn Sie sich dazu entschließen sollten, einige praktische Übungen auszuprobieren, die ich Ihnen vorschlagen werde.

In diesem Buch beschäftigen wir uns mit der Frage, was unter sexuellen Störungen zu verstehen ist, wie sie entstehen und was Sie dagegen unternehmen können.

Dieses Buch soll Ihnen Hoffnung vermitteln. Allerdings nicht auf eine problemfreie, gut funktionierende, vielleicht perfekte Sexualität. Aus wissenschaftlichen Untersuchungen weiß man, dass sexuelle Zufriedenheit bei Paaren nicht gleichzuset-

zen ist mit einer störungsfreien Sexualität. Im Gegenteil, zufriedene Paare berichten oft über sexuelle Probleme, mit denen sie in der Partnerschaft zu kämpfen haben.
Dieses Buch soll Ihnen vielmehr vermitteln, wie Sie (und eventuell Ihr Partner) mit den vorhandenen Problemen umgehen können.
Statistiken über Frauen mit sexuellen Störungen zeichnen folgendes Bild:

- 14 % der Frauen leiden unter Erregungsstörungen.
- 27 % kennen Schmerzen beim Geschlechtsverkehr, davon 8 % regelmäßig.
- 27 % haben schon einen Scheidenkrampf erlebt, 8 % leiden darunter regelmäßig.
- 25 % erleben nie oder nur selten einen Orgasmus beim Geschlechtsverkehr, 19 % gelegentlich, 12 % häufig, 43 % meistens oder fast immer. Etwa 5 bis 10 % haben weder beim Geschlechtsverkehr noch beim Streicheln der Klitoris je einen Orgasmus erlebt.

Eine weitere Untersuchung ergab, dass 26 % der Erwachsenen in den letzten zwölf Monaten keinen Geschlechtsverkehr hatten. Davon waren bei den über 60-Jährigen rund 35 % verheiratet, 96 % lebten allein. Bei den Befragten unter 40 Jahren hatten rund 8 % der Verheirateten und 96 % der Alleinstehenden keinen Geschlechtsverkehr.
Diese Statistiken zeigen, dass sexuelle Probleme keine Ausnahmeerscheinungen sind. Im Gegenteil, sehr viele Frauen und Männer haben damit zu kämpfen. Es stellt sich vielmehr die Frage, warum das Bild von Sexualität in der Öffentlichkeit nicht wirklichkeitsgetreu wiedergegeben wird, so, wie es viele empfinden: dass Sexualität ein sehr empfindlicher und störungsanfälliger Bereich ist.

Dieses Buch möchte zu einem wirklichkeitsgetreuen Bild von gelebter Sexualität beitragen. Ich kann dazu auf die Erfahrungen jahrelanger psychotherapeutischer Arbeit mit Patientinnen und Patienten zurückgreifen, die mir ihre sexuellen Probleme anvertraut haben. In der Therapie haben wir (meine Patienten und ich) uns immer wieder – vergeblich – nach einer hilfreichen Anleitung umgesehen. Wir hielten es für wünschenswert, dass sie leicht verständlich und in kleinen Schritten an das Thema heranführt. Den Erklärungen sollten, sofern angebracht, konkrete Übungen folgen. Im Ton sollte eine solche Anleitung weder »flapsig« noch verkrampft sein. Sie sollte weder das Blaue vom Himmel herunter versprechen noch so tun, als sei alles eine Sache der »richtigen« Handgriffe. Schließlich keine für alle richtigen Rezepte vermitteln, sondern auf die ganz persönlichen Unterschiede der Probleme und Bedürfnisse Rücksicht nehmen.

Diese Wünsche habe ich beim Verfassen dieses Buches zu beherzigen versucht. Sie, liebe Leserin, werden beurteilen können, ob und wie mir das gelungen ist.

Für wen das Buch geschrieben ist?

Für alle Frauen, die mehr über Ihre Sexualität erfahren wollen. Für alle Frauen, gleich welchen Alters, ob allein stehend oder in einer Beziehung lebend, ob heterosexuell oder lesbisch. Und: für alle Männer, die weibliche Sexualität besser verstehen wollen.

Wie Sie das Buch am besten lesen?

Überfliegen Sie zuerst das bevorstehende Kapitel, damit Sie wissen, worum es geht. Nehmen Sie anschließend beim intensiven zweiten Durchlesen einen Bleistift zur Hand und streichen Sie sich an, wenn Sie etwas besonders interessiert. Machen Sie sich auch Notizen, wenn Ihnen etwas Wichtiges durch den Kopf geht. Denn dies ist Ihr persönliches Arbeitsbuch.

Nicht jedes Kapitel wird gleich wichtig für Sie sein. Setzen Sie Ihre Schwerpunkte.

Wenn ich Ihnen Übungen vorschlage, gehe ich selbstverständlich davon aus, dass Sie nicht immer sofort Lust und Zeit haben, sich damit auseinander zu setzen. Tun Sie es erst, wenn Sie innerlich dazu bereit sind.

Im Übrigen: Es ist nicht immer der richtige Zeitpunkt im Leben, sich mit diesem Thema zu beschäftigen. Wenn Sie sich überwinden müssen, Ihnen das Lesen keine Freude bereitet, Sie dem Ganzen mit Angst begegnen, verschwenden Sie nicht Ihre Zeit, legen Sie das Buch auf die Seite. Der richtige Zeitpunkt mit der richtigen Einstellung wird sich schon noch einstellen. Denn nur wenn Sie wirklich offen sind, können Sie von der Lektüre profitieren.

Ich wünsche Ihnen viel Freude und viel Lust beim Lesen und Experimentieren.

Was versteht man unter sexuellen Störungen?

Frau M., 27 Jahre alt, Hausfrau, verheiratet, zwei Kinder: »Ich weiß nicht, ob ich jemals einen Orgasmus gehabt habe. Wie fühlt sich das an? Überwältigt einen die Lust? In den Filmen stöhnen sie immer ...«

Frau C., 41 Jahre alt, Lehrerin, unverheiratet, fester Partner: »Anfangs hatte ich oft Lust. Ich hätte täglich mit ihm schlafen können, und zeitweilig haben wir es auch getan. Jetzt sind wir schon über zehn Jahre zusammen und unser Sexualleben ist ziemlich schlapp.«

Frau T., 33 Jahre alt, ohne festen Partner: »Ich weiß oft nicht, wohin mit meiner Lust. Zwar befriedige ich mich selbst, aber danach fühle ich mich oft leer und deprimiert.«

Frau H., 55 Jahre alt, Sekretärin, verheiratet, drei erwachsene Kinder: »Lust habe ich schon. Aber nicht auf meinen Mann. Es war schon immer so, dass er nicht sehr geschickt darin war, mich zu streicheln. Außerdem möchte er am liebsten, dass ich Strapse oder Lederzeug anziehe. Das mag ich aber nicht.«

Frau P., 25 Jahre alt, arbeitslos: »Ich habe nur zweimal mit einem Mann geschlafen. Es war sehr unangenehm. Ich hatte Schmerzen und fand seinen Körper eklig. Ich bin jedoch nicht lesbisch. Später hätte ich gerne Kinder.«

Dies ist nur ein kleiner Ausschnitt von sexuellen Problemen, die mir Klientinnen schilderten. Wir könnten viele Seiten damit füllen, und Sie würden vielleicht darüber staunen, wie unterschiedlich und vielfältig sexuelle Probleme aussehen können.
Sexualwissenschaftler orientieren sich bei der Einteilung sexueller Störungen am sexuellen Ablauf:

- Abneigung gegenüber Sexualität
- Luststörung
- Erregungsstörung
- Schmerzen beim Geschlechtsverkehr
- Scheidenkrampf
- Orgasmusstörung
- Störung nach dem Orgasmus

Abneigung gegenüber der Sexualität

Frau M., 33 Jahre alt, Single: »Bei der Vorstellung, ein Mann könnte in mich eindringen, stellen sich mir alle Haare zu Berge. Ich werde steif wie ein Brett, wetze innerlich die Krallen zur Verteidigung und bekomme eine ungeheure Wut. Ich weiß, das ist völlig übertrieben, aber ich kann nichts dagegen tun. Irgendwie komme ich mir so ohnmächtig vor.«

Frauen, die so genannte sexuelle Traumatisierungen in Form eines frühen sexuellen Missbrauchs oder einer Vergewaltigung erlitten haben, hegen häufig eine tiefe Abneigung gegenüber der Sexualität, denn sie erinnern sich bewusst oder unbewusst an die schrecklichen Erfahrungen. Je nachdem, wie die Art der Traumatisierung war, werden bestimmte Praktiken oder bestimmte Merkmale eines Partners ganz besonders abgelehnt. Nicht selten aber ist die Sexualität im Ganzen betroffen. In der Folge ergeben sich daraus Beziehungskonflikte, denen sich die Frauen oft ohnmächtig ausgeliefert fühlen. Selbst wenn sie ihren Partner lieben, ist die Störung zu tief greifend, als dass sie mit Liebe allein geheilt werden könnte. Solchen Frauen empfehle ich, psychotherapeutische Hilfe aufzusuchen.

Es gibt auch Frauen, die ihren Körper derart ablehnen oder sich so sehr für ihn schämen, dass Berührungen bestimmter Körperteile nur Widerwillen bei ihnen hervorrufen. Sie tun alles, um Körperkontakt und Sexualität zu vermeiden. Denn jede Berührung erinnert sie daran, wie sehr sie ihren Körper verabscheuen. Am häufigsten handelt es sich hierbei um Frauen, die vermeintliche Figurprobleme haben, teilweise verknüpft mit einer Essstörung. Ihre Überzeugung, ihr Körper sei abgrundtief hässlich, ist zu einer »fixen« Idee geworden. Sie haben genaue Vorstellungen, wann sie nicht bzw. wann sie wo berührt werden wollen. Für einen Partner bieten sich also viele Fallen, in die er tappen kann.

Frau N. formulierte das so: »Wenn ich zu viel gegessen habe, darf er mich auf keinen Fall am Bauch berühren. Aber eigentlich sind alle Berührungen unangenehm, weil ich mich dann insgesamt zum Kotzen finde. Es muss schon viel zusammenkommen, bis ich Sex genießen kann. Wenn ich annehme, dass etwas passieren könnte, dann versuche ich von vornherein weniger zu essen. Zugegebenermaßen esse ich manchmal auch mehr, damit ich einen Grund habe, Nein zu sagen.«

Selbstverständlich gibt es auch Frauen, die aufgrund ihres Übergewichts Angst vor Ablehnung haben bzw. sich selbst ablehnen und deshalb Nacktheit und Sexualität vermeiden. Diese Frauen lehnen jedoch nicht die Sexualität, sondern ihren Körper ab.
Schließlich gibt es Frauen, in der Regel älteren Jahrgangs, deren religiös geprägte, sexualfeindliche Erziehung zu einer Ablehnung der Sexualität führte. Heutige Frauengenerationen dürfen sich glücklich schätzen – die Geschichte zeigt dies sehr deutlich –, durch sichere Verhütungsmittel vor einer ungewollten Schwangerschaft geschützt in einem relativ sexualfreundlichen Klima ihre Sexualität leben zu können.

Luststörung

Frau G., 32 Jahre alt, Sozialarbeiterin, verheiratet, ein Kind: »Mein Partner und ich sind seit sechs Jahren zusammen. Nach der Geburt unserer Tochter, eigentlich schon in der Schwangerschaft, hatte ich keine Lust mehr auf Sex. Je mehr er mich bedrängte, desto stärker geriet ich unter Druck, und ich tat es nur noch aus Angst, dass er mich verlassen oder fremdgehen könnte. Wenn es nach mir ginge, könnten wir ganz auf Sexualität verzichten.«

Frau G. ist nicht allein mit ihrem Problem. Viele Frauen berichten, dass sie keine oder nur selten Lust auf Sex haben. Manche Frauen leiden darunter, manche nicht. Zum Problem wird es spätestens dann, wenn der Partner häufiger Lust hat. Wenn der Umgang mit diesem Problem ungünstig verläuft, der Partner seine Partnerin z.B. zu sehr drängt und sie sich dadurch zu sehr unter Druck gesetzt fühlt oder sie Angst bekommt, nicht mehr von ihm geliebt zu werden, oder sie aus Mangel an Erregung einen Orgasmus vortäuscht, um es ihm recht zu machen, verschärfen sich auf Dauer die Beziehungskonflikte.

Bei Frau G. entstand ein Teufelskreis: Obwohl sie keine Lust hatte, schlief sie mit ihrem Partner. Danach fühlte sie sich wie benutzt, was sie ihm aber nicht mitteilen konnte. Die Situation spitzte sich immer mehr zu, und sie wurde darüber depressiv.

Frau V., eine andere Klientin, konnte sich ihrem Partner gegenüber gut abgrenzen und ihm mitteilen, wenn sie keine Lust hatte. Die Folgen waren Partnerschaftsprobleme, denn Herr V. war verunsichert, ob seine Frau ihn noch liebe.

Befrage ich Klientinnen genauer nach ihren sexuellen Wünschen, tritt oft erst einmal eine Pause des Nachdenkens ein. Als sei es neu und auch schwer wahrzunehmen, was eine Frau wirklich will. Viele Antworten gehen in eine ganz bestimmte Richtung: Gefühle der Nähe, der Geborgenheit und der Zusammengehörigkeit sind vielen Frauen oft wichtiger als das Gefühl der Erregung. Schmusen, Streicheln, Reden, sich Zeit lassen, nicht primär mit dem Ziel des Geschlechtsverkehrs oder des Orgasmus, werden genannt. Diese Bedürfnisse stehen im Vordergrund. Lust, Erregung, Orgasmus, Geschlechtsverkehr sind bei manchen Frauen zweitrangig, anderen hingegen sind diese Erlebnisse sehr wichtig.

Offensichtlich unterscheiden sich in dieser Hinsicht häufig Frauen von Männern, weil sie sich zuerst »emotional erwärmen« wollen, bevor sie sich sexuell erhitzen. Manchen Männern ist das »Vorspiel« eine lästige und unvermeidliche

Durchgangsstation. Als sei dies noch keine richtige Sexualität.

Tatsächlich fangen Befragungen zufolge für Frauen und Männer sexuelle Handlungen an, wenn bereits Erregung vorhanden ist und die Geschlechtsorgane wie Brust, Scheide, Klitoris, Penis usw. berührt werden.

Dies ist jedoch ein Irrtum! Sexualität beginnt bereits vorher im Kopf, wenn man sich vorstellt, was gleich passieren wird. Dann stellen sich die ersten Anzeichen körperlicher Erregung ein: beschleunigter Herzschlag, erhöhter Blutdruck, Ausschüttung bestimmter Hormone, um nur einige zu nennen. Das Vorspiel ist also genau genommen gar kein »Vorspiel«, sondern selbst Teil des Ganzen.

Wenn Sie sich also fragen, worin die Ursachen mangelhafter sexueller Lust liegen, so kann ich Ihnen vier Punkte zum Nachdenken nennen:

- Manche Frauen wissen schlichtweg nicht, was ihnen Lust macht.
- Andere Frauen nehmen nicht wirklich ernst, worauf sie Lust haben.
- Es gibt Frauen, die dem Partner gegenüber nicht vertreten können, worauf sie Lust haben.
- Schließlich kann es aber auch vorkommen, dass Frauen sich nicht trauen herauszufinden, worauf sie Lust haben.

Frau O., 48 Jahre alt, geschieden, zwei Kinder, fester Partner: »Mein Partner ist sehr liebevoll. Er verwöhnt mich in vielerlei Hinsicht. Sexuell ist es so, dass er der Aktive ist, ich die Passive. Das gefällt mir zwar gut. Manchmal würde ich aber auch gerne selbst was machen, irgendwie möchte ich manchmal aggressiver sein ...«

Offensichtlich gibt es eine klare Rollenverteilung während des Liebesspiels: Er ist derjenige, der die Initiative zur Sexualität ergreift. Er streichelt und erregt sie, er bestimmt das Tempo und den Zeitpunkt des Eindringens sowie die Dauer und die Art und Weise des Geschlechtsverkehrs. Frau O. zeigt vielleicht mehr oder weniger deutlich mit oder ohne Worte, ob sie auch Lust hat. Vielleicht streichelt auch sie ihren Partner und erregt ihn. Aber sie richtet sich danach, wie er den Ablauf gestaltet. Im Laufe der Zeit bildet sich ein Muster heraus, in dem beide Partner schon im Voraus wissen, welcher Schritt als Nächstes folgt. Dies nimmt die Spannung und mindert die Erregung. Dabei ist es gerade in lang andauernden Beziehungen von großer Wichtigkeit, dass eine gewisse Rollenflexibilität herrscht, also beide Partner unterschiedliche Rollen einnehmen können. Wenn Frau O. den Ablauf des Liebesspiels aktiver steuern würde, könnte ihr Partner in der passiven Rolle in den Genuss des Empfangenden kommen. Sie selbst könnte erfahren, welche Lust es ihr verschafft, den Körper ihres Partners zu erforschen.

Das klingt jetzt sehr einfach. In der Tat ist es aber so, dass gerade dieser Rollentausch für beide Partner viel Verunsicherung mit sich bringt. Wir beziehen sehr viel mehr Sicherheit aus den seit unserer Kindheit antrainierten Rollen, als uns bewusst ist.

Ein Teil der Übungen, die ich Ihnen später vorstellen möchte, beschäftigt sich genau mit diesem Fall. Es wird darum gehen, Erfahrungen mit sich als aktiver Partnerin zu sammeln.

Erregungsstörung

Wahrscheinlich ist Ihnen die folgende Situation, von der Frau T. berichtet, nicht ganz unbekannt:

»Ich weiß auch nicht so recht, was mit mir los ist. Mein Partner ist wirklich sehr lieb zu mir. Auch in sexueller Hinsicht klappt es meistens gut. Aber manchmal, wenn er mich streichelt und küsst, muss ich darüber nachdenken, was ich noch alles einkaufen muss. Oder mir fällt der unerledigte Konflikt mit meiner Arbeitskollegin ein. Oder ich schaue mir das Tapetenmuster an ...«

Frau T. fragt sich, warum ihr plötzlich wie aus heiterem Himmel diese Gedanken dazwischenfunken. Sie müsste doch jetzt Lust haben und durch sein Streicheln erregt sein. Aber streichelt sie ihr Partner auch auf eine Art und Weise, die sie erregend findet? Oder ist es ihr langweilig oder unangenehm? Warum teilt sie ihm nicht mit, wie sie gestreichelt werden möchte? Oder hat sie vielleicht gar keine Lust und tut es nur ihm zuliebe?

Frauen können oft besser wahrnehmen, was andere wollen, statt zu spüren, was ihnen selbst gut tut. Dies hängt damit zusammen, wie wir aufgewachsen sind. Während Jungen schon von früh auf dazu ermuntert werden, ihren Interessen auf eigene Faust nachzugehen, werden Mädchen dazu angehalten, auf das Wohl der Familie oder jüngerer Geschwister zu achten. Jungen lernen, dass ihre Interessen respektiert werden, Mädchen lernen dagegen, dass erst mal die anderen und dann erst sie selbst an die Reihe kommen. Aufgrund dieses Erziehungsstils können Mädchen verlernen, ihre ureigensten Bedürfnisse wahrzunehmen. Weiterhin können sie

verlernen, sich und ihre Bedürfnisse ernst zu nehmen oder sie als wichtig einzuordnen.
Wenn sich im Liebesspiel aus heiterem Himmel andere Gedanken einstellen, zeigen sie Ihnen, dass etwas schief läuft. Fragen Sie sich an dieser Stelle ehrlich: Was will ich wirklich? Erbitten Sie sich vielleicht eine Auszeit. Teilen Sie Ihrem Partner mit, dass Sie gerade abwesend sind und nicht wissen warum, auch auf die Gefahr hin, dass Ihr Partner davon wenig begeistert sein wird. Übernehmen Sie die Verantwortung dafür und bringen Sie Verständnis für seine Kränkung oder seinen Ärger auf.
Sprechen Sie miteinander darüber, was Sie ablenkt. Und denken Sie daran, Sie tun weder sich noch Ihrer Beziehung einen Gefallen, wenn Sie etwas tun, was Sie nicht wirklich möchten. Sagen Sie Ihrem Partner, was oder wie er sie wirklich erregt. Denn Sie sind die Expertin für Ihren Körper, nicht er.

Orgasmusstörung

Frau G. berichtet: »Ich habe noch nie einen Orgasmus erlebt. Zwei- oder dreimal war ich unsicher, ob es einer gewesen sein könnte. Wie fühlt sich ein Orgasmus an?«

Frau A.: »Wenn ich mich selbst befriedige, kann ich problemlos einen Orgasmus haben. Aber wenn ich mit meinem Partner Sex habe, dann komme ich nicht. Wahrscheinlich kann ich mich nicht fallen lassen. Warum, weiß ich nicht.«

Frau R: »Wenn mein Partner mich an der Klitoris streichelt oder mich mit der Zunge berührt, bekomme ich einen Orgasmus, nicht jedoch, wenn wir miteinander schlafen. Was mache ich verkehrt?«

Drei verschiedene Frauen mit drei verschiedenen Arten von Orgasmusproblemen. Tatsächlich unterscheiden die Sexualwissenschaftler auch zwei Arten des Orgasmuserlebens, den klitoralen und den vaginalen Orgasmus. Der klitorale Orgasmus wird durch Berührungen der Klitoris ausgelöst, der vaginale durch Reizung verschiedener empfindsamer Stellen in der Scheide. Befragte Frauen schildern das Erleben unterschiedlich: Der klitorale Orgasmus wird oft als scharf und prägnant beschrieben, der vaginale als mild und diffus. Wichtig ist: Jede Frau kann beide Formen des Orgasmus erleben!

Von Orgasmusstörung spricht man dann, wenn eine Frau nach einer normalen Erregungsphase keinen oder nur selten einen Orgasmus bekommt und damit unzufrieden ist. Eine Frau, die unter dem ausbleibenden Orgasmus nicht leidet, hat keine Orgasmusstörung. Manchmal entsteht aber trotzdem ein Problem dadurch, wenn der Partner mit ihr unzufrieden ist. Möglicherweise ist er verunsichert, und er fragt sich, ob er ein schlechter Liebhaber ist. Eine Frau, die entweder durch die Reizung der Klitoris oder beim Geschlechtsverkehr einen Höhepunkt erlebt, hat keine Orgasmusstörung. Dennoch kann es sein, dass sie damit unzufrieden ist.

Paare, bei denen die Frau während des Geschlechtsverkehrs keinen Orgasmus erlebt, behelfen sich manchmal so: Entweder streichelt der Partner die Klitoris der Frau oder sie erregt sich selbst, während gleichzeitig Verkehr stattfindet. Bei dieser Variante ist ein zeitgleicher Orgasmus möglich. Manche Paare stören sich jedoch daran, dass die Durchführung schwierig ist. Männer beklagen sich, dass das Streicheln der Partnerin sie von der eigenen Erregung ablenkt.

Einem Irrtum unterliegt jedoch die weit verbreitete Vorstellung, die Klitoris müsse während des Geschlechtsverkehrs »irgendwie« vom Penis durch eine wie auch immer geartete Stellung mitstimuliert werden. Geben Sie sich keine Mühe: Dies ist anatomisch unmöglich. Gleichgültig, wie Sie miteinander schlafen, die Klitoris kann nur direkt – mit der Hand, der Zunge oder einem Gegenstand – oder indirekt erregt werden, indem Sie sich an etwas reiben.

Während sich der Penis beim Geschlechtsverkehr vor- und zurückbewegt und sich dadurch an den Scheidenwänden reibt, werden verschiedene Stellen erregt. Zum einen ist das erste Drittel der Scheide hochempfindlich. Weiterhin können Sie über den so genannten G-Punkt oder Gräfenberg-Punkt, etwa in der Mitte zwischen Scheideneingang und Bauchnabel zur oberen Bauchdecke hin, einen Orgasmus erleben. Da der G-Punkt unter Hautschichten verborgen ist, bedarf er eines gewissen Drucks, um erregt zu werden. Wie geschaffen hierfür sind die Bewegungen des Penis. Aber z.B. auch das Einführen des Mittelfingers und das Massieren dieser Stelle wirken erregend. (Mehr dazu in dem Kapitel *Weibliche Lustzonen*.)

Die Erregung dieser empfindlichen Stellen setzt voraus, dass der Partner eine gewisse Zeit »durchhält«. Probleme können entstehen, wenn der Partner über keine »gute Kontrolle« verfügt, wann er zum Orgasmus kommen will, d.h., wenn er unter einem vorzeitigen Samenerguss leidet. Im Gegensatz zur Partnerin hat der Mann einen Erregungsvorsprung. Um eindringen zu können, muss er bereits einen steifen Penis haben. Er ist also schon sehr erregt, während die Erregung der Frau »vor Ort« sich erst durch die Penisbewegungen entwickelt.

Für Sie als Frau ist es selbstverständlich von Vorteil, wenn Sie wissen, was Ihnen gut tut. Dann können Sie umso aktiver den Verlauf steuern. Vorteilhaft ist es, wenn Sie die Scheidenmuskulatur rhythmisch zusammenziehen und entspannen können oder wenn Sie den Penis so lenken, dass er die genannten Stellen berührt. Wir werden darauf noch zu sprechen kommen.

Ein weiterer wichtiger Aspekt ist die Zufriedenheit mit dem Orgasmuserleben. Frau B. beklagte, dass der Orgasmus (durch die Klitoris) »wie abgehackt« sei. Für Frau Z. sind die Empfindungen unangenehm, manchmal sogar schmerzhaft. Zwar kommt sie zum Orgasmus, ihr Erregungsablauf ist jedoch unharmonisch. Manchmal ist sie überreizt, manchmal nicht hinreichend stimuliert.

Ein eiliges, zu intensives Stimulieren der Klitoris kann schnell in einen Orgasmus münden, ohne dass eine innere Bereitschaft dafür vorhanden ist. Ebenso kann die Aufrechterhaltung einer hohen Reizintensität in eine Missempfindung, eine Überreizung umkippen. Die tatsächliche Empfindungsspanne, die mit einem langsamen Erregungsanstieg beginnt, die in einem harmonisch ausgereiften und eher abgerundeten Höhepunkt gipfelt, um dann mit abnehmender Erregung auszuklingen, bis diese vollkommen erlischt, wird nicht wie in einer umgedrehten mehr oder weniger steilen U-Kurve durchlebt. Das Erregungsmuster ist graphisch gesehen eher einer steilen Aufwärtszacke vergleichbar, die genauso schnell wieder abfällt. Frau B. erlebt dies wie »abgehackt«.

Ist dagegen das Streicheln der Klitoris während des Orgasmus zu zaghaft oder zu ungleichmäßig, stört dies ebenfalls

die Harmonie des Ablaufs. In diesem Fall hilft nur: Teilen Sie Ihrem Partner genau mit, mit Worten, mit Tönen, indem Sie seine Finger lenken, wie Sie es genau haben möchten. Sie sind die Expertin, und Sie tragen die Verantwortung dafür, dass es Ihnen gut geht.
Im Übrigen: Es gibt auch den so genannten multiplen Orgasmus: Frauen können beim Geschlechtsverkehr mehrere Orgasmen direkt nacheinander oder in kurzen Zeitabständen erleben.

Schmerzen beim Geschlechtsverkehr

Frau L., 41 Jahre alt, Zahntechnikerin, verheiratet, vier Kinder: »Ich habe schon gar keine Lust mehr, mit meinem Mann zu schlafen. Jedes Mal bin ich so eng und trocken, dass es mich schmerzt, wenn er einzudringen versucht. Das war nicht immer so. Vielleicht seitdem er fremdging ...«

Schmerzen beim Eindringen des Penis in die Scheide und beim Geschlechtsverkehr können unterschiedliche Ursachen zugrunde liegen.
Vergegenwärtigen wir uns zunächst einmal die körperlichen Vorgänge in der Genitalregion, die sich bei sexueller Erregung abspielen: Während die Atmung schneller wird, Puls und Blutdruck steigen und sich viele Muskeln anspannen, wird auch die Scheide feucht, das äußere Drittel der Scheide schwillt an, indem es sich mit Blut füllt, und die Scheide verlängert sich zur Bauchhöhle hin.

Ist jetzt eine Frau, aus welchen Gründen auch immer, noch nicht ausreichend erregt, um den Penis aufzunehmen, so wirkt sich das folgendermaßen aus: Der Scheideneingang ist zu eng, er ist noch wie »verschlossen«. Die Blutgefäße im ersten Drittel der Scheide sind noch nicht vom zuströmenden Blut angeschwollen. Das Eindringen schmerzt. Versucht Ihr Partner dennoch den Penis weiter einzuführen, so reibt er unangenehm an den viel zu engen und trockenen Scheidenwänden. Darüber hinaus stößt er an das obere Ende der Scheide an, da weder Gebärmutterhals noch die Gebärmutter durch die Ausdehnung der Scheide weggezogen worden sind. Dadurch erleiden Sie einen Druckschmerz.
Um diese Schmerzen und die unangenehme Reibung an der Scheidenwand zu verhindern, müssen Sie dafür sorgen, dass Ihr Partner erst dann eindringt, wenn Sie wirklich dazu bereit sind.
Ein weiterer Grund, der zu Schmerzen führen kann, hängt mit einer untrainierten Beckenbodenmuskulatur zusammen. Wir werden auf ihre Bedeutung später noch ausführlicher eingehen. Die Beckenbodenmuskulatur umgibt die Scheide. Sowohl während einer Geburt als auch beim Geschlechtsverkehr ist es von großem Vorteil für Sie, diese Muskeln zu kennen, um eine gewisse Kontrolle ausüben zu können. In Geburtsvorbereitungskursen lernen Frauen, den Beckenboden wahrzunehmen, ihn zu trainieren und zu kontrollieren. Dabei spielt die richtige Atmung eine große Rolle. Das Zusammenspiel von Atmung und Beckenbodenbewegungen mildert die Schmerzen während der Wehentätigkeit, und es hilft dem Kind auf seinem Weg nach draußen.
Dringt Ihr Partner mit seinem Penis in Sie ein, können Sie ihm den Weg erleichtern, indem sie den Beckenboden entspannen. Darüber hinaus vermeiden Sie Schmerzen. Wei-

terhin können Sie sich und ihm Lust verschaffen, wenn Sie als Teil des Liebesspiels die Muskeln zusammenziehen und wieder loslassen.
Damit Sie lernen, Ihre Beckenbodenmuskulatur besser zu beherrschen, werde ich Ihnen später einige Übungen zum Experimentieren vorschlagen.

Scheidenkrampf

Frau F., 28 Jahre alt, Studentin, derzeit ohne festen Partner: »Bisher hatte ich bei jedem Mann, mit dem ich schlafen wollte, Schwierigkeiten. Küssen, Schmusen, Petting waren schön. Wenn sie aber mit mir schlafen wollten, war ich zu wie eine Muschel. Beim Versuch einzudringen, tat es immer höllisch weh. Aber keiner hatte Erfolg, alle gaben auf. Ich bin ganz verzweifelt, weil ich nicht weiß, was ich tun soll.«

Entgegen althergebrachter Schauermärchen darüber, was ein Scheidenkrampf ist, wird der Penis des Mannes weder gequetscht noch bleibt das Paar untrennbar aneinander »gekettet«, bis der Krampf sich löst. Frau F. beschreibt richtig, dass der Scheidenkrampf vor dem Geschlechtsverkehr auftritt. Dabei verkrampft sich das äußere Drittel der Scheide, ein Eindringen wird unmöglich.
Regelmäßig auftretende Scheidenkrämpfe sind ein ernsthaftes Problem. Sie sind häufig nicht ohne therapeutische Hilfe zu bewältigen. In einer Sexualtherapie kann die Ursache herausgefunden und ein entsprechendes Behandlungsprogramm eingeleitet werden.

Bei Frau F. stellte sich nach einigen Gesprächen heraus, wie schwer es im Grunde für sie war, sexuelle Einladungen abzulehnen. Als gut aussehende Frau war dies häufiger der Fall, dabei wünschte sie sich im Grunde eine feste Beziehung. Der Scheidenkrampf drückte quasi stellvertretend ein »Nein« aus.

Probleme nach dem Orgasmus

Ein Orgasmus ist ein mächtiges körperliches und gefühlsmäßiges Geschehen: Das Herz rast, der Atem geht schneller, die Muskeln des ganzen Körpers sind angespannt, die Haut rötet sich.
Gleichzeitig ist die Scheidenmuskulatur angespannt, es kommt zu rhythmischen Kontraktionen (Zusammenziehen und Loslassen). Manche Frauen sondern aus der Scheide (genauer aus den Urethraldrüsen) eine Flüssigkeit ab, die nicht mit Urin verwechselt werden darf. In diesen Augenblicken sind Sie gefühlsmäßig ganz bei sich selbst. Der Verstand ist dem Gefühl und dem körperlichen Geschehen untergeordnet, gedankliche Schutzmauern, die vielleicht im Alltag funktionieren, büßen ihre Wirksamkeit ein. In gewisser Weise ist es auch ein Moment der Wahrhaftigkeit, in ihm offenbart sich Ihr Selbstverständnis ebenso wie die wirkliche gefühlsmäßige Verbundenheit mit dem Partner.

Reflexion

In diesem ersten Kapitel ging es mir darum, Ihnen zu zeigen, was man unter sexuellen Störungen versteht. Dies gibt Ihnen die Gelegenheit, sich ein vorläufiges Bild über Ihre eigenen Schwierigkeiten zu verschaffen. Vielleicht haben Ihnen meine Erläuterungen auch dazu verholfen, erste Ideen über die Entstehung oder Hintergründe dieser zu entwickeln.
Jetzt, am Ende dieses ersten Kapitels, möchte ich Sie dazu auffordern, Ihre Gedanken zu Papier zu bringen. Sie werden diese Aufzeichnungen als Vorarbeit für die späteren Schritte, wenn es um Veränderungen geht, brauchen.
Als Hilfestellung möchte ich Ihnen einige Leitfragen vorgeben:

❶ Benennen und beschreiben Sie zunächst Ihre Schwierigkeiten.
❷ Versuchen Sie zu formulieren, womit diese Schwierigkeiten zusammenhängen könnten.
❸ Was geht diesen Schwierigkeiten unmittelbar voraus? Gibt es unangenehme Dinge, die von außen kommen, wie das Verhalten des Partners, Störungen durch Kinder usw.?
Gibt es Störungen von innen wie unangenehme Gedanken, Gefühle oder ungute körperliche Empfindungen?
❹ Welche Folgen, kurzfristig und langfristig, entstehen daraus für Sie?

Die Ursachen sexueller Störungen

Versucht man die Ursachen einer sexuellen Störung herauszufinden, lässt sich in den seltensten Fällen das sexuelle Problem auf eine spezifische Ursache zurückführen. Vielmehr wirken in den meisten Fällen mehrere Ursachen, im Übrigen oft nichtsexueller Natur, zusammen. Was eine sexuelle Störung dann aufrechterhält, muss nicht mit den ursprünglichen Gründen für ihre Entwicklung übereinstimmen. Weitere ungünstige Bedingungen können hinzukommen, die man herausfinden muss, um sie verändern zu können.
Zum besseren Verständnis gebe ich Ihnen vorweg eine Übersicht über mögliche Ursachen:

- Verzerrte, falsche und überhöhte Vorstellungen
- Wissenslücken
- Negative Erfahrungen in der Vergangenheit
- Ängste und Scham
- Kommunikationsprobleme
- Lebensgestaltung und Lebensbedingungen
- Körperliche und seelische Erkrankungen

Verzerrte, falsche und überhöhte Vorstellungen

Frau S., 25 Jahre alt, Sachbearbeiterin, kurz vor der Hochzeit: »Wir sind schon neun Jahre zusammen und wollen jetzt heiraten. Alles klappt gut. Wir haben beide einen Arbeitsplatz, der uns Spaß macht, wir haben einen großen Freundeskreis, eine tolle, große Wohnung, wünschen uns auch bald Kinder. Nur dass wir nicht mehr so oft miteinander schlafen. Ich weiß, es kann nicht wie am Anfang sein. Aber wenn wir mal zehn Tage nicht miteinander geschlafen haben, werde ich ganz unruhig und sage mir: ›Jetzt muss mal wieder was passieren.‹ Auch wenn ich viel zu müde dazu bin ...«

Gehören Sie auch zu denjenigen Frauen, die meinen, ein- bis zweimal in der Woche mit dem Partner schlafen zu müssen?

Dann befinden Sie sich in Gesellschaft einer Vielzahl von Frauen und Männern, die sich dieser ungeschriebenen Regel unterwerfen. »Ein- bis zweimal« sind zu quasi magischen Ziffern erhoben worden. Für manche bezeichnen sie die Ober-, für manche die Untergrenze, wie oft sie wöchentlich ihrer »Pflicht« nachkommen müssen, um dem unauffälligen Durchschnitt anzugehören. Diese Häufigkeitsangabe richtet darüber, ob Sie sich als sexuell »normal« oder als mehr oder weniger anormal einzuschätzen haben.

Aber: Sie allein entscheiden über Ihr sexuelles Selbstwertgefühl! Wie finden Sie das?

Ich bin davon überzeugt, dass viele Menschen über diese ungeschriebene Regel unglücklich sind und sich dennoch nicht davon distanzieren können. So eng sind die persönlichsten Bedürfnisse mit den gesellschaftlichen Normen verquickt! Und es verlangt schon sehr viel Selbstbewusstsein, sich über diese Normen hinwegzusetzen, damit sie uns wirklich nicht beeinträchtigen.

Dieses Buch will Sie dazu ermutigen, Ihren ureigensten Bedürfnissen zu folgen, statt nach den anderen zu schielen und sich heimlich mit anderen zu vergleichen. Diese Häufigkeitsangabe ist genauso geschmacks- und appetitabhängig wie die Frage, ob Sie lieber drei oder fünf Mahlzeiten täglich zu sich nehmen.

Beschäftigt man sich mit der Geschichte der Entstehung der Sexualforschung, stößt man auf einen ihrer großen Pioniere, den Amerikaner Alfred Kinsey, von dem Sie vielleicht schon einmal gehört haben. Er untersuchte in den vierziger und fünfziger Jahren per Fragebogen das Sexualleben einer großen Anzahl von Männern und Frauen.

Wie würden Sie das finden, wenn man Ihnen einen Fragebogen zu diesem Thema zuschicken würde? Hätten Sie Interesse daran teilzunehmen? Würden Sie alle Fragen beantworten, auch die, die Ihnen unangenehm wären? Würden Sie schummeln?

Kinsey fragte nicht danach, ob die Menschen mit ihrem Sexualleben zufrieden sind. Er fragte auch nicht, ob sie Sexualität aus eigenen Stücken oder mehr oder weniger gezwungenermaßen oder aus einem Pflichtgefühl heraus ausüben. Er überprüfte auch nicht, inwieweit die Befragten »sozial erwünscht« antworteten, d.h. so antworteten, wie sie glaubten, dass man es von ihnen erwartete. Seine Untersuchung war quantitativ angelegt, das heißt, er wollte die Häufigkeit (Quantität) bestimmter sexueller Verhaltensweisen erheben und nicht deren Qualität. Daraus ist

ihm kein Vorwurf zu machen. Seine Arbeit war eine außerordentliche Leistung.
Gerade Befragungen zur Sexualität, und seien sie auch anonym, rühren an eigenen Ängsten, unzulänglich zu sein, überschreiten manchmal unsere Schamgrenzen, verlangen eine Ehrlichkeit, für die wir nicht immer bereit sind.
Damals jedenfalls wurde als eines von vielen Ergebnissen festgestellt, dass Paare durchschnittlich zweimal die Woche miteinander Geschlechtsverkehr haben. Dieses Ergebnis dürfte einige Jahre bis Jahrzehnte gebraucht haben, bis es den Atlantik überquert und sich, von den Massenmedien wieder- und wiedergekäut, als allgemein gültige Regel verbreitet hatte. Wo Unsicherheit herrscht, greifen die Menschen umso dankbarer nach richtungweisenden Botschaften. »Trends«, die vorgeben, das Denken und Fühlen der Mehrheit widerzuspiegeln, werden deshalb so gerne aufgegriffen, auch wenn sie den eigentlichen Bedürfnissen zuwiderlaufen. Manchmal gerinnen diese Trends, wenn anders lautende Informationen nicht veröffentlicht werden oder ihnen zu wenig Gewicht beigemessen wird, zu »Wahrheiten«, denen man sich dann umso schwerer widersetzen kann. Denken Sie nur daran, wie das weibliche Schlankheitsideal in unsere Gedanken, Gefühle und unser Verhalten eingesickert ist. Distanzierungsversuche, indem wir uns z.B. sagen: »Meine Rundungen sind schön« oder »Meine Falten sind Ausdruck meiner Reife«, überzeugen uns oft selbst nicht richtig. Ohne »Lobby«, ohne eine Interessengruppe im Hintergrund wie die Frauenbewegung in den siebziger und achtziger Jahren, ist eine Gegenmeinung, die in »Fleisch und Blut« übergehen kann, schwer zu etablieren.
Dabei zeichnen aktuelle Untersuchungen gerade über die sexuelle Lust ein anderes Bild: Zwar wünschen sich viele Men-

schen täglich oder alle zwei Tage Geschlechtsverkehr. Aber viele Menschen – Frauen wie Männer – klagen über einen Mangel an Lust. Die Ursachen hierfür dürften in vermehrtem Alltagsstress liegen. Dafür – und das ist ein entscheidender Unterschied zur Zeit der Untersuchungen von Kinsey – trauen sich die Menschen heutzutage auch eher, Nein zu sagen.

Die ein- bis zweimalige wöchentliche Pflichterfüllung in der Sexualität ist nur eine von vielen Regeln. Einige gelten für beide Geschlechter, andere nur für Frauen oder nur für Männer. Und Sie müssen sich auch nicht wundern, wenn sich einige Regeln widersprechen.

Einige Beispiele:

- Damit mein Partner mich nicht verlässt, muss ich regelmäßig mit ihm schlafen.
- Wenn ich nicht oft genug mit ihm schlafe, geht er fremd.
- Weil ich ihn liebe, muss ich auch Lust auf ihn haben.
- Für Frauen ist der Orgasmus unwichtiger als für Männer.
- Frauen wollen Zärtlichkeit, Männer wollen Sex.
- Frauen bedeutet Sex weniger als Männern.
- Wenn er nicht mir schlafen will, dann deswegen, weil er mich nicht mehr attraktiv findet.

Wenn Ihnen noch weitere Regeln einfallen, die Ihr Bild von Sexualität bestimmen, dann ergänzen Sie diese Liste.

Entscheiden Sie bitte, wie stark diese Regeln Sie beeinflussen. Verteilen Sie Punkte von 0 bis 100. 0 bedeutet »überhaupt nicht«, 50 »mittelstark«, 100 »sehr stark«.

Diese Regeln haben wir manchmal so verinnerlicht, dass wir meinen, sie kämen aus uns selbst heraus. Und es ist oft schwierig zu unterscheiden: Handelt es sich um meine Überzeugung? Habe ich sie unbemerkt übernommen? Wurde sie mir übergestülpt?

Dies zu unterscheiden ist aber ein erster wichtiger Schritt, der es uns ermöglicht, uns vom Ballast fremder Regeln zu befreien. Im Falle von Frau S. stellten sich folgende unbemerkt von außen übernommene Sätze heraus: »Wenn ich nicht mit ihm ein- bis zweimal wöchentlich schlafe, ist das ein Zeichen, dass ich ihn nicht mehr liebe.« »Wenn er mich nicht ein- bis zweimal wöchentlich begehrt, so hängt das damit zusammen, dass er mich nicht mehr attraktiv findet.« Diese Sätze hatten einen hohen Stellenwert. Frau S. bewertete sie mit 90 bzw. 100 Punkten.

Erst im zweiten Schritt können wir unsere tatsächlichen Überzeugungen klar und unmissverständlich formulieren. Frau S. fand folgende für sie »wahre« Sätze: »Es gibt viele Zeichen der Liebe, Sex ist nur eines davon.« »Wenn ich unsicher bin, ob er mich noch attraktiv findet oder nicht, kann ich ihn ja fragen.« Und: »Es gibt viele Zwänge in meinem Leben. Sexualität soll nicht dazugehören, selbst wenn ich seltener Lust habe als vielleicht andere.«

Die Verwirklichung im dritten Schritt kann sehr schwer sein, besonders dann, wenn Sie eine für andere unliebsame oder eher seltene Überzeugung vertreten. Frau S. besprach sich mit einigen Freundinnen über die Frage, wie häufig sie mit ihren Partnern sexuelle Kontakte hatten. Außerdem holte sie sich Rückmeldungen darüber, ob sich diese Frauen bei mangelnder Lust ein schlechtes Gewissen machten. Diese Gespräche verringerten den Druck, den die Regeln auf sie ausgeübt haben, und bestärkten sie darin, ganz normal zu sein.

Wissenslücken

Genauso wie Sie falsche und überhöhte Vorstellungen quälen können, kann auch Unwissenheit zur Verunsicherung führen. Insbesondere Menschen, die Sexualität gegenüber eher ängstlich, verschämt oder schuldbewusst eingestellt sind, vermeiden es von vornherein, sich mit entsprechenden Informationen zu beschäftigen.

Frau U., 28 Jahre alt, allein stehend: »Ich habe mit vier verschiedenen Männern geschlafen, aber noch nie einen Orgasmus dabei erlebt. Was ist verkehrt mit mir?«

In der Öffentlichkeit herrscht noch immer viel Verwirrung über die Frage, warum manche Frauen beim Geschlechtsverkehr einen Orgasmus erleben, andere dagegen nicht; was die einen von den anderen unterscheidet; ob es sich um körperliche Unterschiede in der Empfindungsfähigkeit handelt; ob es vom Geschick des Liebhabers abhängt, von seiner Penisgröße oder der Art der Penisbewegungen; ob die Gründe in der Beziehung zu suchen sind oder ob einen vielleicht seelische Probleme daran hindern, loszulassen ...
Frauen können, das habe ich bereits angesprochen, sowohl über die Stimulation der Klitoris als auch verschiedener Stellen in der Scheide zum Orgasmus gelangen. Einige Frauen erleben bei der Selbstbefriedigung oder beim Sex mit einem Partner, wie sich ein Orgasmus spontan einstellt. Manchmal leicht, manchmal eher mühsam. Diese Frauen können sich glücklich schätzen.
Denn stellen Sie sich einmal vor, wie unterschiedlich die körperlichen Gegebenheiten bei Jungen und Mädchen sind, die ihre Körper entdecken wollen: Die Geschlechtsorgane

des Jungen sind offensichtlich. Um zu urinieren, muss er den Penis in die Hand nehmen. Spontanes Steifwerden des Penis stellt sich von selber ein usw.
Bei einem Mädchen liegen die Geschlechtsorgane teilweise verborgen. Besonders davon betroffen sind die empfindsamen Stellen in der Scheide. Wie ich Ihnen noch erläutern werde (*Weibliche Lustzonen*, siehe S. 86), geschieht die Erregung nur durch festen Druck. Jedoch scheuen sich viele Mädchen, einen Finger in die Scheide einzuführen. Sie wissen auch nicht, wo und wie sie sich stimulieren können. Zwar haben sich viele Mädchen mit ihrer Klitoris vertraut gemacht, die Scheide ist ihnen aber ein unbekannter Ort. Wie also sollten sie später als Frauen den Partner anleiten können, ihnen beim Geschlechtsverkehr Lust zu bereiten? Hilfreiche Informationen darüber sind noch immer spärlich. Und unter Freundinnen wird dann so genau auch wieder nicht darüber gesprochen ...
Sie sehen, wie wichtig das Wissen aus eigener Erfahrung heraus und aus Büchern sein kann.

Negative Erfahrungen in der Vergangenheit

»Warum spielt das noch immer so eine große Rolle? Es ist doch jetzt schon 30 Jahre her. Warum kann ich das einfach nicht vergessen? Mein Partner ist doch sehr liebevoll zu mir.« (Frau O., 39 Jahre alt, sexueller Missbrauch durch den Bruder.)

Diese und ähnliche Fragen stellen sich Frauen, die in ihrer Kindheit schreckliche Erfahrungen mit Sexualität machen mussten. Sexueller Missbrauch ist sicherlich die schlimmste dieser negativen Erfahrungen, besonders wenn er mit körperlicher Gewalt verbunden ist. Doch reicht die Bandbreite negativer sexueller Erfahrungen viel weiter: Sie beginnt mit Totschweigen (»Darüber spricht man nicht«), als sei Sexualität nicht vorhanden. Sie kann sich in einer sexualfeindlichen Atmosphäre niederschlagen (»Das gehört sich nicht«). Sexualität kann offen abgelehnt werden (»Schweinerei«) oder mit Bestrafung einhergehen.

Frau F. litt unter Schuldgefühlen, weil sie sich für »Sauereien« interessierte. Schon als Kind war ihr unter Androhung von Strafe untersagt gewesen, die *Bravo* zu lesen. Also las sie die Zeitschrift heimlich und fühlte sich auch von bestimmten Photos und Texten erregt. Sie brauchte viele Jahre, um sich von den Schuldgefühlen, die ihr ihre Mutter eingeimpft hatte, zu befreien.

Während Sexualität in dem einen Fall verboten ist, wird sie in dem anderen Fall aufgedrängt: Sexuelle Anspielungen männlicher Familienmitglieder (»Hast du dicke Möpse«); Blicke, die ausziehen; die Unmöglichkeit, Türen zu schließen; das Herumliegen von Pornos; das Mitansehen- oder Mitanhörenmüssen sexueller Betätigungen usw.

Frau S. tat alles, um ihre weiblichen Reize zu verschleiern. Sie zog sich dunkle, überweite Kleidung an, verhielt sich streng und nüchtern, war aber enttäuscht darüber, dass Männer in ihr den Kumpeltyp sahen. Erst als ihr der Zusammenhang zwischen den verwirrenden Ausziehblicken ihres Vaters während der Pubertät und ihrem jetzigen Verhalten deutlich wurde, konnte sie etwas verändern.

Viele Frauen berichten über ähnliche prägende Erfahrungen

in der Vergangenheit. Als Kinder hatten sie meist ein feines Gespür dafür, wenn ihnen etwas »Komisches«, etwas »Ungutes«, etwas, das »nicht richtig ist«, widerfuhr. Hatten sie vertraute Personen, die ihnen zu verstehen halfen oder sie trösteten, konnten sie solche Erlebnisse besser verarbeiten. Am schlimmsten waren immer solche Frauen betroffen, die mit ihren Erfahrungen allein gelassen wurden.

Ängste und Scham

Sexuelle Ängste haben verschiedene Gesichter:

① **Erwartungsangst**
Damit ist die Angst gemeint, den Erwartungen des Partners nicht zu genügen. Sie tritt verstärkt auf, wenn es im Vorfeld bereits ähnlich verunsichernde Erfahrungen gab. Meistens versuchen Menschen mit Erwartungsängsten die entsprechenden Situationen zu vermeiden.
Ich möchte Ihnen das an einem Beispiel plausibel machen. Stellen Sie sich vor, während des Liebesspiels sagt Ihr Partner zu Ihnen: »Du bist aber schön rund.« Sie erschrecken und fragen sich: »Wie meint er das?« Statt nachzufragen, denken Sie sich lieber Ihren Teil. Und natürlich gehen Sie von dem Schlimmsten aus und vermuten, seine Bemerkung sei als Kritik gemeint. Da vergeht Ihnen teilweise die Lust ... Beim nächsten Mal befürchten Sie einen ähnlichen Kommentar, und es kommt keine oder weniger Lust auf. Wiederholt sich diese Erfahrung in derselben oder in einer ähnlichen Weise, so werden Sie möglicherweise die Einstellung entwickeln,

nicht genügend oder keine Lust mehr zu haben. Letztlich wäre es nur zu verständlich, wenn Sie sexuelle Situationen vermeiden würden.

② Angst vor Ablehnung

Frau A. fällt es schwer, nach außen hin Zeichen der Erregung wie Stöhnen, heftiges Atmen und Lustschreie zu zeigen. Sie presst ihren Mund zusammen, damit ihr nur kein Laut entweicht, atmet flach, manchmal hält sie sogar die Luft an. Leider verspannt sie dabei auch ihre Beckenbodenmuskulatur. Dies hat Folgen: Die Erregung kann sich nicht entfalten, sie wird »abgeblockt«, häufig bleibt dann der Orgasmus aus.
Im Grunde genommen hat sie Angst, als ausfallend, hemmungslos oder »animalisch« abgewertet und abgelehnt zu werden. Was würde der Partner denken oder gar die Eltern, wenn man sie so sehen könnte?

③ Angst, sich zu öffnen

Kennen Sie den Widerspruch zwischen sich öffnen wollen und es nicht können? In der Sexualität kann sich diese Haltung widerspiegeln als innerer Kampf von Lusthaben, aber keine Lust haben wollen. Zwischen Erregung verspüren und sie abwürgen wollen. Zwischen dem Wunsch, auf der einen Seite mit dem Partner im Orgasmus zu verschmelzen und auf der anderen Seite lieber neben sich treten zu wollen.
Sexualität ist mit heftigen Gefühlen verbunden, die manchmal nicht der gefühlsmäßigen Beziehung zum Partner entsprechen: Sie begehren ihn vielleicht, aber lieben ihn nicht. Oder Sie lieben ihn, aber begehren ihn nicht. Wenn Sie Angst haben, von Ihrem Partner gefühlsmäßig abhängig oder verletzt zu werden, müssen Sie gleichzeitig etwas zu

Ihrem Schutz unternehmen. Eine Möglichkeit besteht darin, gefühlsmäßig auf Abstand zu gehen, auch wenn Sie mit ihm eine intime Begegnung haben. Aber diese widersprüchlichen Gefühle hemmen sich gegenseitig.

Kommunikationsprobleme

Laut einer Umfrage sprechen Ehepaare täglich nur wenige Minuten miteinander. Vielleicht weil die »Glotze« das übernommen hat?

In Psychotherapien beklagen meistens die Frauen, dass ihre Partner zu einsilbig seien. Neben dem Mangel an Gesprächsstoff ist ein weiterer Grund darin zu sehen, dass das Miteinandersprechen sehr störungsanfällig ist: Oft missversteht man sich, oder man versteht einander nicht, oder einer hört dem anderen nicht richtig zu, oder man traut sich nicht, etwas Bestimmtes zu sagen ...

Ein typisches Muster eines Paarkonflikts besteht darin, dass die Partnerin ständig und über alles sprechen möchte, der Partner jedoch nicht. Drängt die Frau, so fühlt sich der Mann unter Druck gesetzt, versucht ihr vielleicht einen Gefallen zu tun, mag aber im Grunde nicht und versperrt sich schließlich zusehends mehr. Daraus entwickelt sich leicht ein Teufelskreis mit gegenseitigen Vorwürfen, der für beide in Enttäuschungen mündet.

Miteinander über solch ein persönliches Thema wie Sexualität zu sprechen verlangt sehr viel Vertrauen. Das Sprechen »über« als auch das Sprechen »während« besitzt in vielen Beziehungen Seltenheitswert. Es ist im Gegenteil für viele

Menschen einfacher, »es« zu tun. Wird Sexuelles in Worte gekleidet, so erschöpft sich dies häufig in gegenseitigen Andeutungen, die großen Spielraum für Missverständnisse lassen.

Dabei sind Gespräche über die beiderseitigen sexuellen Wünsche und Ängste zur Vermeidung von Enttäuschungen wichtig. Die Vorstellungen darüber, was dem anderen vielleicht gefallen könnte, unterliegen häufig Irrtümern oder sind zu vage. Dem Partner wortlos mitzuteilen, wie Sie gerne gestreichelt werden möchten, etwa indem Sie ihm die Hand führen, wäre eine Alternative, vor der sich jedoch viele Frauen scheuen. Manchmal führt dies auch zu Missverständnissen, und manche Partner fühlen sich bevormundet.

Folgende Übungen können die Kommunikation zwischen Ihnen erleichtern.

Übung zur direkten Kommunikation sexueller Wünsche

Beginnen Sie Ihre Sätze wie folgt: »Ich wünsche mir, ...« Formulieren Sie zwischen fünf bis zehn Wünsche, während der andere nur zuhört. Tauschen Sie dann die Rollen. Sprechen Sie bitte im Anschluss darüber, welche Wünsche Sie dem anderen erfüllen wollen und können und welche nicht.

Übung für die Umsetzung sexueller Wünsche

Experimentieren Sie in Absprache mit dem anderen, welche Wünsche Sie gerne jetzt erfüllt haben möchten. Geben Sie Ihrem Partner dabei Rückmeldung, ob sein Vorgehen stimmig für Sie ist oder ob Sie es sich anders vorgestellt haben. Tauschen Sie nach ca. zehn Minuten die Rollen.

Lebensgestaltung und Lebensbedingungen

Frau M., Mutter zweier Vorschulkinder, arbeitet nebenher stundenweise als Putzhilfe: »Abends bin ich oft so kaputt, wenn die Kinder im Bett sind, dass ich noch eine Stunde vorm Fernseher ausspannen will, dann falle ich ins Bett. Am Wochenende ist oft auch wenig Zeit: Besuch von Verwandten oder Freunden, die Kinder wollen mal mit uns spielen, oder ich erlaube mir mal ein Nachmittagsnickerchen. Für Romantik und Sex bleibt da keine Zeit. Mein Mann ist damit sehr unzufrieden.«

In der Regel sind die Lebenswelten von Frauen und Männern getrennt: Während viele Frauen Kinder und Haushalt versorgen und stundenweise arbeiten, kommen die Männer abends von der Arbeit nach Hause. Die verbleibende Zeit dient Familienaktivitäten und der Erholung. Erschöpfung, Müdigkeit, das Bedürfnis nach Rückzug oder danach, »die Seele baumeln zu lassen«, stehen im Vordergrund. Oder drückende Sorgen wie Schulden, Erziehungs- und Partnerschaftsprobleme, berufliche Belastungen usw. beherrschen den Alltag.
Eine erotische Atmosphäre kann bei der Dichte des Alltags oft nicht aufkommen. Günstige Bedingungen (sich zusammensetzen, miteinander sprechen, auf den anderen eingehen, Körperkontakt herstellen, den anderen verführen) erfordern aber gerade eine innere Ausgeglichenheit und den Willen, sich in den anderen einzufühlen, wofür häufig keine Kraft mehr vorhanden ist. Fällt dann auch Sexualität als Quelle der Freude und Befriedigung weg, verarmt eine Partnerschaft. Aber auch die Person wird in ihrem Selbsterleben um diese Art der Freude ärmer.

Manchmal kann aber Sexualität gerade dazu dienen, Routine, Gleichförmigkeit und Belastungen des Alltags abzufedern. Für manche Menschen ist sie der einzige Lichtblick des Tages oder der Woche. Was der Alltag nicht zu bieten vermag, soll dann die Sexualität leisten: das Leben aufregender, lebendiger oder runder machen. Sexualität dient dann als Ventil für Alltagsfrust oder wird zum Ausgleich für laue Alltagsgefühle. Da es im Grunde genommen um etwas anderes geht als um Sexualität, vielleicht eher um die Intensität des Erlebens, um das Gefühl von Macht oder auch darum, sich geliebt oder sich bestätigt zu fühlen usw., fließen diese Bedürfnisse maßgeblich mit ein. Dabei besteht die Gefahr, Sexualität mit anderen, nichtsexuellen Erwartungen zu überfrachten.
Ich will Ihnen ein Beispiel geben. Wenn Sie mit Ihrem Partner vorwiegend deshalb schlafen, um das Gefühl von Nähe, Geliebtwerden und der Bestätigung als Frau zu erfahren, dann werden Sie vielleicht danach die ungute Vermutung mit sich herumschleppen: Er liebt mich nur, weil ich mit ihm geschlafen habe. Sie werden sich jedoch als Mensch nicht um Ihrer selbst willen geliebt fühlen. Ein anderer Mann schläft vielleicht nur mit seiner Frau, weil es für ihn die einzige »männliche« Form ist, sich Nähe und Liebe zu holen. Ein anderer will aufgrund seiner untergeordneten beruflichen Position erleben, dass er »auch was zu sagen hat«, was er dann unbewusst in der Beziehung zu seiner Frau ausdrückt.
Damit Sexualität dem Zweck gerecht wird, Ausgleich für das sonst graue Leben zu schaffen, greifen manche Männer zu sexuellen »Hilfsmitteln«, die von sexuellen Phantasien über Pornographie, Partnertausch usw. bis hin zu Prostitution reichen können. In Beziehungen kommt es deshalb oft zu Folgeproblemen, wenn die Partnerin – was oft der Fall ist – damit nicht einverstanden ist.

Seelische und körperliche Erkrankungen

Menschen mit seelischen oder körperlichen Erkrankungen haben besonders oft mit sexuellen Schwierigkeiten zu kämpfen. Woran liegt das?
Sicherlich erinnern Sie sich an Zeiten in Ihrem Leben, als Sie seelisch oder körperlich über einen längeren Zeitraum beeinträchtigt waren. Sie litten entweder unter körperlichen Schmerzen, Unwohlsein oder Angst vor dem weiteren Verlauf. Oder Sie mussten dauernd an ein bestimmtes Problem denken, das Sie nicht lösen konnten. Ihre Aufmerksamkeit war, ob Sie wollten oder nicht, gefesselt. Sie waren in Ihrem Denken, Fühlen und Verhalten eingeengt, immer nur bezogen auf das eine. Selbst wenn Sie sich bemüht haben, an etwas anderes zu denken oder sich mit etwas anderem zu beschäftigen, war Ihnen dies nur eine Zeit lang möglich.
In einer solchen Verfassung gegenläufige Empfindungen wie Lust, Freude oder Hingabe zu fühlen ist besonders schwierig, wenn nicht gar unmöglich.
Wenn dann noch der eigene oder ein fremder Anspruch hinzukommt, sexuell »normal« reagieren zu müssen, verschärfen sich die Probleme. In einer solchen Situation ist es möglicherweise sehr wichtig, sich einzugestehen, dass Sexualität im Augenblick keinen Raum hat und Sie sich möglicherweise eine Auszeit nehmen sollten. Dies ist allerdings für alle Menschen schwierig, die sich über die Sexualität Bestätigung holen.

Reflexion

In dem vorangegangenen Kapitel ging es mir darum, Ihnen zu zeigen, dass viele, oft nichtsexuelle Gründe die Sexualität beeinträchtigen. Teilweise können Sie diese Faktoren beeinflussen, teilweise nicht.

Damit Sie zu einer Einschätzung gelangen können, welche Dinge Sie besonders in Ihrer Sexualität einschränken, teilen Sie den Gründen Punktwerte zwischen 0 bis 100 zu. (0: keine Einschränkung, 100: sehr starke Einschränkung). Am Ergebnis können Sie ersehen, auf welche Problembereiche Sie für eine Veränderung Ihre besondere Konzentration richten müssen. Außerdem möchte ich Ihnen vorschlagen, kurz zu beschreiben, wie bei Ihnen speziell die Einschränkungen aussehen.

❶ Verzerrte, falsche und überhöhte Vorstellungen:
❷ Wissenslücken:
❸ Negative Erfahrungen in der Vergangenheit:
❹ Ängste und Scham:
❺ Kommunikationsprobleme:
❻ Lebensgestaltung und Lebensbedingungen:
❼ Seelische und körperliche Erkrankungen:

Was Sie über männliche Sexualität wissen sollten

Wie Frauen sich verstricken

Vielleicht haben Sie nach dem Lesen der bisherigen Kapitel den Eindruck gewonnen, die komplizierte, problembeladene Sexualität sei eine überwiegend weibliche Domäne, die einfacher gestrickte, unkomplizierte Variante dagegen Männersache?
Tatsächlich gibt es einige »hausgemachte« Probleme, mit denen sich Frauen das Leben schwer machen. Diese zu kennen ist die Voraussetzung, sich nicht in sie zu verwickeln. Die zwei häufigsten Probleme möchte ich Ihnen vorstellen:

① Frauen neigen dazu, sich vorschnell die Schuld an Misserfolgen zuzuschreiben. Auch für jene, für die sie nichts können. Sind Frauen jedoch erfolgreich, so führen sie dies häufig nicht auf ihr eigenes Verhalten zurück, sondern schreiben es anderen Ursachen zu. Männer verhalten sich gerade umgekehrt: Misserfolgserlebnisse begründen sie mit äußeren Bedingungen, Erfolge verbuchen sie als eigene Leistung.
Ich will Ihnen anhand zweier Beispiele diese Gedankengänge verdeutlichen:

Frau S., 43 Jahre alt, in einer festen Partnerschaft lebend: »Ich habe noch nie einen Orgasmus bekommen. Mittlerweile glaube ich, dass ich überkontrolliert bin. Kein Wunder, ich wollte auch nie so eine schwache Frau sein wie meine Mutter.«

Herr B., 48 Jahre alt, verheiratet, drei Kinder: »Früher hatte ich nie Erektionsprobleme. Vielleicht die letzten zwei Jahre ausgenommen. Meine Frau hat immer auf ihre Figur geachtet, aber seit sie in die Wechseljahre gekommen ist, hat sie doch zugenommen.«

In beiden Fällen dürften die Begründungen nicht falsch, aber auch nicht ganz richtig sein. Vielmehr spiegeln die Sichtweisen genau den Mechanismus wider, den ich Ihnen zu erläutern versucht habe: Frau S. sieht die Gründe allein bei sich selbst, Herr B. deutet an, dass seine Erektionsprobleme nichts mit ihm, sondern mit der Attraktivität seiner Frau zu tun haben. Im Grunde sollten jedoch beide mehrere Blickwinkel einnehmen, um so der Wahrheit näher zu kommen: Frau S. sollte auch außerhalb ihrer Persönlichkeit liegende Gründe in Betracht ziehen, Herr B. sollte sich dagegen mit Gründen, die innerhalb seiner Person liegen, auseinander setzen.

② Ein weiteres »hausgemachtes« Problem besteht darin, dass Frauen erst die anderen, also den Mann, die Kinder, die Freunde, die Nachbarn, wichtig nehmen. Dann kommt lange nichts, und dann, an letzter Stelle, wenn keine Zeit, Kraft und Energie mehr bleiben, räumen sie für sich einen Platz ein.

Frau D., 35 Jahre alt, verheiratet, zwei Kinder: »Ich habe viel seltener Lust als mein Partner. Ich mache mir deshalb Vorwürfe. Wenn wir miteinander geschlafen haben, ist er viel ausgeglichener, und das kommt mir und den Kindern zugute. Deshalb kommt es auch immer wieder vor, dass ich mit ihm schlafe, um ihm einen Gefallen zu tun. Aber häufig kriege ich dann Kopfschmerzen.«

Herr S., 38 Jahre alt, verheiratet, ein Kind: »Mein Beruf als Bauleiter ist sehr anspruchsvoll. Zusätzlich bauen wir zur Zeit selbst ein Haus, sodass ich keine Energie für anderes mehr habe. Ich habe meiner Frau mitgeteilt, dass sie sich in den nächsten Monaten damit abfinden muss.«

Frau D. macht sich Selbstvorwürfe für ihre, wie sie findet, mangelnde Lust, besonders weil ihr Mann dann schlechter gelaunt ist. Sie kommt nicht auf den Gedanken, sich zu fragen, wozu sie Lust hat. In erster Linie fühlt sie sich unter Druck gesetzt, die Bedürfnisse ihres Partners zu befriedigen. Dagegen begründet Herr S. seinen Mangel an Energie – sicherlich auch zu Recht – mit Arbeit und Hausbau. Wie selbstverständlich aber erwartet er von seiner Partnerin, dass sie seine teilweise hausgemachte Erschöpfung mitträgt und damit auf Sexualität und Fürsorglichkeit verzichtet. Er hat keine Probleme, sich und seine Bedürfnisse in den Mittelpunkt zu rücken.
Wenn wir uns jetzt, liebe Leserin, den speziellen Problemen männlicher Sexualität zuwenden, so scheint es mir wichtig, sich zuvor nochmals die Gefahren der Selbstverleugnung, die so nahtlos und unauffällig in die weibliche Rolle eingepasst sind, bewusst gemacht zu haben. Zum besseren Verständnis der Gründe und Ausprägungen der männlichen Sexualprobleme müssen wir die Probleme der Männer gewissermaßen durch eine »männliche Brille« betrachten, ohne unseren eigenen Standpunkt zu verlieren.

Erscheinungsbild männlicher Sexualstörungen

Wie bei den weiblichen Sexualstörungen auch, orientieren sich die männlichen entlang des so genannten Reaktionszyklus:

- Luststörung

Herr P., 50 Jahre alt, verheiratet, zwei Kinder, Zahnarzt: »Die Beziehung zwischen mir und meiner Frau hat sich in den letzten Jahren zusehends verschlechtert. Sie beklagt sich über meine mangelnde Zuwendung, auch die sexuelle. Ich hatte auch tatsächlich nicht mehr so viel Lust wie früher. Meine Interessen haben sich in den letzten Jahren eher nach außen verlagert. Das hat auch dazu geführt, dass ich mich in eine wesentlich jüngere Frau verliebt habe.«

Luststörungen bei Männern galten lange Zeit als Seltenheit. Dies hat sich in den letzten Jahren deutlich verändert. Gründe hierfür sind eine größere Offenheit und Problemeinsicht der Männer sowie die größere Zahl älterer Männer, die wegen sexueller Probleme Hilfe suchen. Zugrunde liegen oft überhöhte Erwartungen an jahrelangen leidenschaftlichen Sex. Schließlich kommen seelische und körperliche Gründe des Älterwerdens hinzu, gekoppelt an die Einnahme von Medikamenten oder an Alkoholkonsum. Gerade bei älteren Männern kann mangelnde Lust auch uneingestandene Erektionsprobleme überdecken. In diesem Fall ist eine organmedizinische Untersuchung anzuraten. Wenn jüngere Männer über mangelnde sexuelle Lust berichten, so können die Hintergründe sehr vielfältig sein. Am häufigsten spielt sicherlich Selbstunsicherheit im Kontaktverhalten mit Frauen eine Rolle, oft gekoppelt mit der Angst vor Nähe. Ferner kann eine unklare geschlechtliche Orientierung (»Bin ich homo- oder bisexuell?«) irritieren.

- Erektionsstörung

Herr L., 37 Jahre alt, verheiratet, Elektriker: »Meine Frau wünscht sich seit Jahren ein Kind. Dies ist aber absolut nicht möglich, weil es wegen mir nicht zum Geschlechtsverkehr kommen kann.«

Von einer Erektionsstörung spricht man dann, wenn die Dauer einer Erektion oder die Härte des Penis nicht ausreicht, um das gewünschte Sexualverhalten zu beginnen und durchzuführen. Meistens beklagen die betroffenen Männer eine unzureichende Erektion für den Geschlechtsverkehr. Ist das Einführen des Penis möglich, stößt der Mann aus Angst, die Erektion zu verlieren, rasch zu, was für beide Partner in der Folge oft unbefriedigend bleibt. Bei manchen Männern besteht eine Erektionsstörung schon seit ihrer ersten sexuellen Erfahrung. Die meisten machen jedoch später die Erfahrung, dass ihr Penis plötzlich nicht mehr »kann«, für viele ein erschreckendes und peinliches Erlebnis. Halten Erektionsprobleme länger an, sollte unbedingt geklärt werden, ob organische Gründe vorliegen. Danach muss entschieden werden, ob eine medizinische und/oder psychotherapeutische Behandlung angezeigt ist.

- Vorzeitiger Samenerguss

Herr K., 28 Jahre alt, Single, Kfz-Meister: »Meine letzte Freundin beklagte sich darüber, dass ich zu schnell komme. Schon nach wenigen Stößen hatte ich einen Samenerguss. Ich wollte das eigentlich nicht. Ich glaube, sie hat mich deshalb auch verlassen.«

Mit dem Problem des frühzeitigen Samenergusses sehen sich viele Männer konfrontiert. Es geht dabei um die mangelhafte Kontrolle über den gewünschten Zeitpunkt der Ejakulation. In schweren Fällen kommt es schon vor den eigentlichen sexuellen Aktivitäten zum Samenerguss, z.B. beim Entkleiden, beim Anblick der nackten Partnerin, beim Schmusen oder wenn die Partnerin den Penis mit der Hand berührt. Häufiger jedoch klagen Männer über einen zu frühen Samenerguss kurz vor, beim oder kurz nach dem Einführen des Penis in die Scheide. Mit dem vorzeitigen Samenerguss kommt auch der Orgasmus zu einem nicht gewünschten, weil unkontrollierbaren Zeitpunkt. Oft ist deshalb der eigene Genuss wie auch der der Partnerin beeinträchtigt, die sich als »zu kurz gekommen« erlebt. Die Ursachen liegen in einer ängstlichen sexuellen Übererregung.
Neben dem zu frühen Samenerguss gibt es – wenn auch seltener – den verzögerten oder ausbleibenden Samenerguss, damit einhergehend das Ausbleiben des Orgasmuserlebens. Irritierenderweise ist eine Erektion vorhanden, jedoch ohne viel Lusterleben.

»Männer haben andere Gründe«

Nachdem ich Ihnen das Erscheinungsbild kurz skizziert habe, möchte ich auf die Gründe eingehen:

- Sexualität als Leistung
- »Sie versteht mich nicht«: Sexualität und Kommunikation
- Sexualität und Gefühlezeigen
- Sexualität und Körper

① Sexualität als Leistung

Der amerikanische Sexualforscher Bernie Zilbergeld hat ein Buch zur männlichen Sexualität geschrieben (siehe *Literaturverzeichnis*), in dem er die Einstellung der Männer zu ihrer eigenen Sexualität und ihrem Penis auf den Punkt bringt: »Er ist einen halben Meter lang, hart wie Stahl und macht die ganze Nacht nicht schlapp.«

Ein Satz zum Schmunzeln, angesichts eines solchen selbstbezogenen Größenwahns. Und ein Satz zum Wütendwerden, denn der »stahlharte« Penis kommt oft genug als Waffe gegen Frauen zum Einsatz. Er erfüllt auch unermüdlich seine Pflicht wie eine Maschine. Ein Ding also, das den Mann erst zum Mann macht.

Natürlich ist dieser Satz eine ungeheure Übertreibung. Kein Mann würde auch nur im Entferntesten die genannten Eigenschaften sich selbst zuschreiben. – Oder?

Männer, die mit ihrer Sexualität Probleme haben, leiden häufig gerade unter ihren selbst gesteckten, überhöhten Ansprüchen.

Herr N., 27 Jahre alt, allein stehend, Elektriker: »Ich bin sehr verzweifelt, denn mein Penis ist zu klein. Er misst in erregtem Zustand gerade mal zwölf Zentimeter. Frauen haben mich deshalb schon gehänselt. Ich habe an eine Operation zur Verlängerung gedacht, oder kann man was mit Hormonen machen?«

Herr A., 43 Jahre alt, verheiratet, ein Kind, Lehrer: »Wir sind seit über zehn Jahren verheiratet, aber meine Frau hat nur selten einen Orgasmus beim Geschlechtsverkehr. Ich bin damit unzufrieden. Auch mit mir, denn ich frage mich, ob das bei einem anderen Mann anders wäre. Manchmal habe ich Angst, dass sie fremdgehen könnte.«

Herr C., 36 Jahre alt, verheiratet, kinderlos, Techniker: »Meine Frau will öfter als ich. Wenn ich so fertig bin nach der Arbeit, geht bei mir nichts mehr, wenn Sie verstehen, was ich meine. Meine Frau kann das nicht verstehen.«

Diese drei Beispiele zeigen besorgte und nachdenkliche Männer, die weit davon entfernt sind, sich an einem überzogenen Modell männlicher Sexualität zu orientieren. Und dennoch stehen sie unter dem Einfluss bestimmter ungeschriebener Gesetze: Herr N. beklagt die fehlende Länge und fühlt sich minderwertig. Herr A. fragt sich, ob seine Technik, vielleicht auch die fehlende Härte oder unzureichende Länge seines Penis für das Ausbleiben des Orgasmus bei seiner Frau verantwortlich sein könnten. Herr C. fragt sich, ob er trotz Erschöpfung noch sexuell funktionieren muss.

Allen Beispielen liegen mehr oder weniger bewusste Leistungsregeln zugrunde, die sich nahtlos in das Gesamtbild vom »richtigen« Mann einreihen, der sich in allen Lebensbereichen aktiv, führend, kämpferisch, zielgerichtet und vernunftorientiert verhält. Den genannten Patienten gelingt es nicht – wen wundert's –, sich von diesen Leistungsregeln zu distanzieren. Oftmals besteht die Aufgabe einer Psychotherapie darin, dem Patienten diese unbewussten Regeln bewusst zu machen, mit ihm zusammen ihre Herkunft zu klären und eigene Vorstellungen zu entwickeln, damit er sich von diesem Anpassungsdruck befreien kann.

In Partnerschaften entstehen leider frustrierende Situationen, wenn eine wohlmeinende Partnerin männliche Selbstzweifel durch Trost zu zerstreuen versucht. Männer können diesen Trost häufig nicht annehmen, da die Ursache »tiefer« liegt. Sie können sich nicht verzeihen, ihren selbst gesteckten Ansprüchen nicht gerecht geworden zu sein. Trost verstärkt sogar das Gefühl der Unzulänglichkeit, denn nur »Schwächlinge« brauchen Trost.

② »Sie versteht mich nicht«: Sexualität und Kommunikation

Ich habe an anderer Stelle schon darauf hingewiesen, wie erschreckend wenig Ehepaare im Durchschnitt miteinander sprechen. Und wie schwierig es für viele ist, über die eigene Sexualität zu sprechen. Ein Hauptgrund dafür liegt sicherlich in der unterschiedlichen Art und Weise, wie Männer und Frauen überhaupt kommunizieren.

Zum besseren Verständnis möchte ich Ihnen den grundlegenden Vorgang beschreiben, der sich zwischen »Sender« und »Empfänger« abspielt:

Wenn der Sender eine Nachricht mitteilt, so enthält diese immer ein ganzes Paket an Botschaften. Gleichzeitig hört auch der Empfänger viele Botschaften »heraus«, die natürlich nicht die sein müssen, die der Sender losgeschickt hat. Die vier wichtigsten Botschaften sind:

- Sachinhalt, d.h., worüber ich den anderen informiere.
- Selbstoffenbarung, d.h., was ich über mich selbst mitteile.
- Beziehung, d.h., was ich von meinem Partner und unserer Beziehung halte.
- Appell, d.h., wozu ich meinen Partner veranlassen möchte.

Ein Beispiel soll den Ablauf demonstrieren:

Herr und Frau D. sitzen abends zusammen auf dem Sofa. Herr D. sagt zu seiner Frau: »Du, ich möchte gerne mit dir schlafen.«

Welche Aspekte beinhaltet diese Botschaft? Was meint der Sender bewusst und unbewusst? Was hört die Empfängerin?

Zunächst erfahren wir etwas über Herrn D.s Bedürfnis (Sachinhalt), er möchte nämlich gerne mit seiner Frau schlafen. Wir erfahren weiterhin etwas über Herrn D.s Befindlichkeit, dass er wach und wahrscheinlich einigermaßen ausgeruht ist, er ist innerlich auf seine Frau eingestellt und in der Lage, ihr seinen Wunsch direkt mitzuteilen (Selbstoffenbarung). Ferner geht aus seiner Nachricht hervor, wie er zu seiner Frau steht und was er von ihr hält. Dabei spielt die Art und Weise, wie er seinen Wunsch zum Ausdruck bringt, eine große Rolle, ob einfühlsam, sachlich, leise, laut usw. Diese nichtsprachlichen und dennoch in Stimme, Gestik, Mimik und Haltung mittransportierten Informationen sind für den Empfänger von großer Bedeutung. Sie geben ihm Aufschluss darüber, ob und wie er sich als Person angenommen fühlt (Beziehungsinformationen). Herr D. spricht seinen Wunsch nicht »eben mal so« aus, er will natürlich seine Partnerin veranlassen, mit ihm zu schlafen (Appell). Man kann auf sehr unterschiedliche Art und Weise appellieren: direkt, indirekt, offen, versteckt, manipulativ usw. Herr D. spricht sein Bedürfnis direkt und offen an.

Bisher haben wir die Nachrichtenübermittlung aus Sicht des Senders betrachtet. Wie aber nimmt Frau D., die Empfängerin, die Nachricht auf? Welche der vier Botschaften hört sie? Diese Fragen hängen von verschiedenen Bedingungen ab. Zum einen spielt die momentane Gestimmtheit eine Rolle (wie es mir geht, welche Bedürfnisse im Vordergrund stehen). Zum anderen spielen Persönlichkeitsmerkmale eine Rolle (nehme ich von den Menschen zuerst einmal das Beste oder das Schlechteste an, bin ich ein anpassungsfähiger oder eher starrer Mensch usw.). Ferner sind die Umstände, die die Gesprächssituation umrahmen, von Bedeutung (habe ich Zeit, Kraft und Energie für Sexualität?).

Nehmen wir an, Frau D. hört vor allem die positive Beziehungsnachricht: »Er begehrt und liebt mich.« Dies wird sie wahrscheinlich günstig für sein Vorhaben stimmen, und sie wird sich gerne verführen lassen. Ist Frau D. ein eher misstrauischer Mensch und aufgrund von Lebenserfahrungen zu dem Schluss gekommen, dass Männer immer »das eine« wollen, so wird sie die Beziehungsnachricht eher negativ, vielleicht im Sinne von »Er liebt mich nur, wenn er mich begehrt«, aufnehmen. Hört Frau D. vor allem den Appell (»Schlaf mit mir!«), fühlt sie sich wahrscheinlich bedrängt, was ihre Bereitschaft kaum fördern dürfte. Frau D. könnte aber auch in erster Linie den Selbstoffenbarungscharakter der Nachricht wahrnehmen, etwa in der Art: »Wir haben schon länger nicht mehr miteinander geschlafen. Kein Wunder, dass er Lust hat.« In ihrer Entscheidung liegt es nun, ob sie seinen Wunsch für angemessen hält oder nicht.
Je nachdem, für welche Botschaft Frau D. empfänglich ist, wird dies den weiteren Verlauf des Abends steuern.
Manche Menschen sind jedoch einseitig auf bestimmte Gewohnheiten des Sendens und Empfangens geeicht. Sie senden oder hören nur den Sachinhalt (kopflastige Menschen). Andere liegen ständig auf der »Beziehungslauer« und filtern bestimmte schlechte Botschaften heraus. Eine weitere Gruppe ist fortwährend auf dem Sprung, die Erwartungen anderer herauszulesen, damit sie nichts falsch machen. Wieder andere nehmen in allen Botschaften nur den Beziehungsaspekt wahr und fragen sich, ob der andere sie wohl mag.
Diese einseitigen Sender- oder Empfängergewohnheiten stiften viele Missverständnisse. Gerade zwischen Männern und Frauen gibt es bestimmte Missverständnisse, die sehr häufig auftreten. Sehr vereinfacht gesagt, kann man nämlich

von männlichen und weiblichen Mustern des Sendens und Empfangens ausgehen.

Typisch für Männer ist, dass sie den persönlichen Teil der Botschaften oft weglassen und überwiegend auf der Sachebene reagieren:

Frau: »Liebst du mich?«

Mann: »Was ist Liebe überhaupt? Darüber müssten wir mal diskutieren.«

Männer sind darin geübt, auf der Sachebene Probleme zu analysieren und lösungsorientiert zu denken, was ihnen beruflich zugute kommt. Versuchen sie jedoch mit diesem Muster persönliche Probleme mitzuteilen, bleiben sie unverstanden und verstehen auch ihren Gesprächspartner nicht. Oftmals geht es vor der Lösung persönlicher Probleme darum, angehört und verstanden zu werden. Das braucht Zeit, und erst mit der Zeit kann sich das Gefühl, verstanden zu sein, entfalten. Diese Fähigkeit steht natürlich im krassen Gegensatz zu einer schnellen, zielorientierten Art, das Problem zu beseitigen:

Frau: »Ich weiß auch nicht, was mit mir los ist. Wenn du mich streichelst, gehen mir so viele Gedanken durch den Kopf. Dann kann ich das nicht genießen und verliere die Lust.«

Mann: »Dann konzentriere dich doch auf deine Empfindungen, statt auf deine Gedanken.«

Frauen hingegen sind oft Meisterinnen der Selbstoffenbarung und können manchmal nicht unterscheiden, wann Selbstoffenbarung und wann Sachinhalt angezeigt ist, was im beruflichen Bereich zu ihrer Benachteiligung führt. Im privaten Bereich kommt ihnen diese Fähigkeit jedoch sehr entgegen, ebenso die Fähigkeit, über Beziehungen sprechen zu können. Manche Frauen nehmen allerdings nur Bezie-

hungs- und Selbstoffenbarungsaspekte wahr und überhören die Sachmitteilung, sie nehmen alles »zu persönlich«:
Mann: »Ich bin heute zu müde. Es war ein Fehler, mich jetzt noch so spät von dir verführen lassen zu wollen.«
Frau: »Was ist mit dir los? Findest du mich nicht mehr attraktiv? Früher warst du nie zu müde.«

③ Sexualität und Gefühle wahrnehmen

Es gibt immer wieder Klienten, die beklagen: »Egal, wie ich sie streichle, ich kann es ihr nicht recht machen.« Befragt man die Partnerinnen, beklagen diese das mangelnde Einfühlungsvermögen ihrer Partner. Eine Frau berichtet: »Wenn er Lust hat, fragt er mich, willst du mit mir schlafen, und erwartet dann, dass ich auch gleich Lust habe.« Eine andere erzählt: »Nachdem er mich geküsst und kurz an der Brust gestreichelt hat, will er schon mit mir schlafen, als bestünde mein Körper nur aus Mund, Brust und Scheide.« Eine dritte beklagt: »Er begrapscht mich an Brust und Po, als wäre ich ein Stück Fleisch.«
Solche Männer fühlen sich zu Unrecht verurteilt, denn aus ihrer Sicht versuchen sie nur, ihre Bedürfnisse nach Körperkontakt und Sexualität zum Ausdruck zu bringen. Da sie nicht verstehen, was der Partnerin tatsächlich fehlt, oder sie dies als typisch zögerliches, weibliches Verhalten auslegen, reagieren sie umso drängender, manchmal bis hin zu Gewalttätigkeiten. Eine zweite charakteristische Reaktion dieser Männer besteht in einem resignierten Rückzug, der sich vielleicht als Reizbarkeit, Verbitterung oder Depression angesichts einer solchen widerspenstigen Partnerin äußert. Oder sie eignen sich ein Verhaltensrepertoire an, das sie mechanistisch ohne tatsächliche Einfühlung anwenden.

Typischerweise sind diese Männer nicht in der Lage, ihre Aufmerksamkeit von sich auf die Partnerin zu verlagern, indem sie sich in deren »Haut« versetzen. Im Gegenteil, sie erkennen ihre Ichbezogenheit nicht als Problem. Selbstunsicheren Frauen droht die Gefahr, sich als unfähig oder überempfindlich abzuqualifizieren (wir sprachen von diesem Mechanismus zu Beginn des Kapitels), wenn sie nicht erkennen, dass tatsächlich der Partner ein Problem hat. Es ist nur als gesunde Reaktion zu werten, wenn sich Frauen in solchen Partnerschaften ausgenutzt oder missbraucht vorkommen.

Wir haben im letzten Abschnitt von Männern gesprochen, die sehr in ihrem Vermögen, sich in andere einzufühlen, eingeschränkt sind. Ein verwandtes, doch in seiner Auswirkung gänzlich anderes Phänomen besteht in der mangelhaften Selbstwahrnehmung. Ein Mann, der mit der unzureichenden Kontrolle über den Samenerguss oder der Erektion zu kämpfen hat, nimmt vielleicht nicht wahr, wie sehr er unter Druck steht, ein guter Liebhaber sein zu müssen, oder wie sehr es ihn ängstigt, etwas falsch zu machen. Typisch sind sowohl die Leistungsnormen im Kopf (wir haben darüber gesprochen) als auch, dass der Mann in seiner Aufmerksamkeit völlig nach außen auf seine Partnerin gerichtet ist. Wie sollte er da seine Empfindungen wahrnehmen können, besonders wenn es kompliziert wird und sich andere, den Ablauf »störende« Bedürfnisse aufdrängen?

④ Sexualität und Körper

Über die schwierige Beziehung vieler Frauen zu ihrem eigenen Körper ist viel geschrieben worden. Insbesondere die weit verbreiteten Essstörungen haben dieses Thema in den Mittelpunkt des öffentlichen Interesses gerückt. Die

Haltung der Männer gegenüber ihrem eigenen Körper blieb indes unbeachtet. Dabei be- und misshandeln viele Männer ihren Körper, als wäre er ein Werkzeug, das man gebraucht. Die Rolle der Sexualorgane, insbesondere des Penis, ist vergleichbar mit einem – wenn auch eher heimlichen – Statussymbol. Bedauerlicherweise kann man ihn bei einer Betriebsstörung nicht einfach austauschen oder die defekten Teile reparieren. Wenn er nicht funktioniert, wird vorzugsweise eine körperliche Ursache vermutet, die sozusagen mit der eigentlichen Person, der Beziehung oder der Lebenssituation nichts zu tun hat. Deshalb wünschen sich viele männliche Klienten eine medizinische Hilfestellung, sehr zur Freude der Pharmaindustrie, für die Pillen, Pumpen und Spritzen ein gewinnträchtiges Geschäft sind. Dennoch gibt es auch einen Trend dahin gehend, dass immer mehr Männer bereit sind, sich mit ihrer Person und den Lebensumständen psychotherapeutisch auseinander zu setzen, um ein Verständnis für ihre Schwierigkeiten zu entwickeln.

Zur Behandlung männlicher Sexualprobleme

Männer mit sexuellen Problemen tun sich im Allgemeinen schwerer als Frauen, entsprechende Hilfsangebote wahrzunehmen. Entschließen sie sich dennoch, Hilfe aufzusuchen, bevorzugen sie als Anlaufstelle ärztliche Hilfe, etwa beim Hausarzt oder beim Urologen. Dementsprechend werden ihnen vorrangig medizinische Angebote wie potenzstärkende Mittel, allen voran Viagra, zuteil.

Männern, die ihre Störung auf organische Ursachen zurückführen, kommt diese Behandlung sehr entgegen. Psychotherapeutische Hilfe, die eine Untersuchung auf mögliche organische Ursachen voraussetzt, ist beschwerlicher. Sie erfordert »Arbeit« an sich selbst, seinen Gedanken, Gefühlen, körperlichen Empfindungen und an dem eigenen Verhalten, ist von daher unangenehmer und anspruchsvoller, vielleicht aber auch erfolgreicher.
Letztlich aber gibt es kein allgemeines Rezept, man muss im Einzelfall das Für und Wider abwägen bzw. mit den verschiedenen Angeboten experimentieren.
Zunächst einmal möchte ich Sie über einige Aspekte von Viagra informieren.
Der Wirkstoff, Sildenafil, ist keine »chemische Keule«, die das Zentralnervensystem anspricht und abhängig macht. Viagra ist auch keine Pille, die den Mann willenlos seinen Erektionen ausliefert oder sexuelle Lust stimuliert. Die Wirkung setzt erst ein, wenn ein sexuelles Signal vom Gehirn bis zum Penis übertragen wird. Sie beruht darauf, dass die Blutzufuhr in die Schwellkörper des Penis bei gleichzeitig verengten, Blut ableitenden Venen hinreichend lange aufrechterhalten wird, um eine Erektion aufzubauen. Die Pille entfaltet ihre Wirkung etwa dreißig bis fünfzig Minuten nach Einnahme. Sofern ein Mann ein halbwegs gesundes Penisgewebe und Nervenbahnen besitzt, wirkt die Pille unabhängig davon, ob die Impotenz organischen oder psychischen Ursprungs ist. Klinische Studien kamen im Einzelnen zu folgenden Ergebnissen:

- Rückenmarkverletzungen: Drei von fünf Männern (abhängig von der Schädigung) sprachen auf Viagra an. Zu Hause erzielten Querschnittsgelähmte eine deutlich höhere Erfolgsrate. Wenn Viagra wirkte, dann in zwei von drei Versuchen.

- Diabetiker: Viagra wirkte bei 58 % der Männer erektionsfördernd. Bei den anderen Männern war keine Wirkung zu verzeichnen. Selbst bei jenen, die von Viagra profitierten, kam es bei zwei von drei Versuchen aufgrund der vorhandenen organischen Defekte zu keinem erfüllten Geschlechtsverkehr.
- Prostatatumoroperationen: 43 % berichteten von einer Verbesserung der Erektion.
- Psychogene Ursachen: Der Effekt auf Männer, die aufgrund einer Depression oder durch die Einnahme antipsychotisch wirkender Medikamente schon längere Zeit keine Erektionen hatten, war deutlich positiv: Bei 80 % wirkte Viagra erektionsfördernd, 70 % konnten ihre Erektion deutlich länger aufrechterhalten. (Jedoch: Die Kategorie »Psychogene Ursachen« ist nicht spezifiziert. Die Untersuchungen geben auch keinen Aufschluss darüber, wie es den Männern nach dem Absetzen der Pille erging.)

Zwar haben klinische Tests die Wirksamkeit bewiesen. Frei von Nebenwirkungen ist Viagra dennoch nicht. Etliche sind bekannt, u.a. Kopfschmerzen, gerötete Haut, Magenschmerzen, Übelkeit, Sodbrennen, verstopfte Nase und Sehstörungen. Gravierende Entdeckungen wurden jedoch erst später bei einem breiten Einsatz gemacht. In den USA, wo Viagra früher als in Europa zugelassen war, brachte man eine Reihe von Todesfällen mit seiner Einnahme in Verbindung. Kritiker geben überdies noch viele ungeklärte Fragen zu bedenken. Während die Daten klinischer Studien an überwiegend jungen, gesunden Männern erhoben wurden, nehmen in der Praxis viele ältere und alte Männer mit ungleich höherem Risiko Viagra ein.

Wer Viagra nicht einnehmen sollte:

- Männer, die Herzmedikamente wie Nitroglyzerin einnehmen, die den Stickstoffhaushalt beeinflussen, sowie Männer, die auf nitrathaltige Medikamente angewiesen sind.
- Männer mit Bluthochdruck, Herzerkrankungen bzw. Erkrankungen der Herzkranzgefäße, denn die Einnahme von Viagra lädt dazu ein, die sexuellen Leistungsgrenzen zu überschreiten.
- Männer, die unter Retinitis pigmentosa, einer seltenen Erkrankung der Augennetzhaut, leiden. Der Degenerationsprozess der Netzhaut kann verstärkt werden.
- An Leukämie oder Sichelzellenanämie Erkrankte. Bei ihnen kann Viagra Priapismus, eine schmerzhafte Dauererektion, hervorrufen.
- Konsumenten halluzinogen wirkender Drogen, so genannter Poppers oder Snappers, die Nitrate enthalten. Sie werden vor allem in der Homosexuellenszene zur Orgasmusförderung verwendet.

Grundsätzlich gilt: Wer Viagra einnehmen will, sollte dies nur unter ärztlicher Aufsicht und nie zusammen mit unverträglichen Substanzen tun.
Eine Sexualtherapie für Männer umfasst nun eine Reihe von Therapiebausteinen, die ich Ihnen hier kurz im Überblick, ohne den Anspruch auf Vollständigkeit, skizzieren möchte. (Schließlich werde ich im Behandlungsteil für weibliche Sexualstörungen das Vorgehen bei sexuellen Paarproblemen beschreiben, wobei selbstverständlich auch der männliche

Part Berücksichtigung findet. Ferner finden Interessierte in der Literaturliste entsprechende Angaben.)

- Erektionsprobleme
  - Problemverständnis fördern, dass die Erektion eine Reaktion ist.
  - Lust und Unlust anhand von Körperübungen wahrnehmen lernen.
  - Vertrauen in die Erektion (wieder) erlernen.
  - Übertragung in die Partnerschaft.

- Vorzeitiger Samenerguss
  - Problemverständnis fördern, dass vorzeitiger Samenerguss eine psychisch ausgelöste Reaktion ist.
  - Körperübungen zur Entspannung.
  - Wahrnehmungsübungen zur Erregung und nahenden Ejakulation.
  - Übertragung in die Partnerschaft.

Wenn Sie nun zusammen mit Ihrem Partner aufgrund seiner sexuellen Problematik eine Behandlung erwägen, sollten Sie sich fragen, ob die wiederhergestellte Erektion Ihr gemeinsames Problem löst oder ob sich eine Beziehungs- bzw. eine individuelle Problematik Ihres Partners dahinter verbirgt. Möglicherweise hilft Viagra, die »Funktion« wiederherzustellen, enttäuscht aber darin, dass sich Ihre Hoffnungen auf mehr Beziehungsqualität, also eine größere beidseitige Zufriedenheit, nicht erfüllen. Mangel an Kommunikation, an Liebe und Begehren kann Viagra nicht ausgleichen. Möglicherweise hilft Ihnen aber ein Erfolgserlebnis wieder »auf die Sprünge« und vermittelt so viel Mut, dass Sie den weiteren Ablauf befriedigend gestalten können.

In Falle eines Misserfolgs sollten Sie/Ihr Partner darüber nachdenken, welcher Schritt als Nächstes hilfreich sein könnte. Vielleicht hilft Ihnen ein Selbsthilfebuch weiter, vielleicht ein Gespräch unter Freunden, vielleicht ein einmaliges Beratungsgespräch in einer Sexualberatungsstelle wie Pro familia, vielleicht ein diagnostisches Gespräch bei einem Psychotherapeuten oder einer Psychotherapeutin?

Reflexion

In diesem Kapitel ging es mir vor allem um vier Punkte: Ihnen, liebe Leserin, in Erinnerung zu rufen, dass Sie nicht für alle sexuellen Schwierigkeiten verantwortlich sind, sondern es auch ernst zu nehmende männliche Anteile gibt. Zweitens, Sie über die Art der männlichen Sexualstörungen zu informieren. Drittens, Ihnen mögliche Hintergründe auszuleuchten, die ein weitergehendes Verständnis für die Schwierigkeiten Ihres Partners liefern. Viertens, einige Aspekte der Behandlung männlicher Sexualprobleme unter besonderer Berücksichtigung von Viagra zu beschreiben.
Dies ermöglicht Ihnen jetzt, ein vielleicht in einigen Aspekten neues Bild Ihrer gemeinsamen Sexualität zu entwerfen, eigene Anteile und Anteile Ihres Partners genauer herauszufiltern. Denn Sie sollten nur das verändern wollen, was tatsächlich in Ihrer Macht steht.

Als Hilfestellung einige Hinweise:

1. Benennen und beschreiben Sie zunächst die Schwierigkeiten Ihres Partners.
2. Versuchen Sie zu formulieren, womit diese Schwierigkeiten Ihrer Meinung nach zusammenhängen könnten.
3. Denken sie darüber nach, in welcher Form Sie ihm wie helfen können. Bedenken Sie dabei, in welchen Bereichen Sie ihm nicht helfen können, und akzeptieren Sie Ihre Grenzen.

Den Körper kennen lernen

Die meisten Kinder und Jugendlichen machen im Biologieunterricht die erste Bekanntschaft mit dem Aufbau und der Funktionsweise des menschlichen Körpers. Sexualkunde als ein Spezialgebiet bringt die Kenntnisse zur Entwicklung und zur Funktionsweise der primären und sekundären Geschlechtsmerkmale nahe sowie erste Informationen über Verhütung, Schwangerschaft und Geschlechtskrankheiten. Die Vermittlung dieses »Stoffes« zielt primär darauf ab, ihn von der »Sache« her verständlich zu machen und die Schülerinnen und Schüler zu bewegen, die erworbenen Kenntnisse zu speichern. Grundlegende Fragen, die sich aus diesem Wissen für die Pubertierenden ergeben (Ist mein Körper auch richtig und zeitgerecht entwickelt? Wenn ich Knutschen, Petting usw. nicht mag, ist das normal? Was ist ein Orgasmus? Ich [Mädchen] bin in meine Lehrerin verliebt, das ist doch nicht normal? usw.) sowie die emotionale Verarbeitung bleiben ausgeklammert. Leider verstreicht dadurch auch eine wertvolle Chance, Wertschätzung und Akzeptanz für den eigenen Körper, Respekt für das andere Geschlecht und Mut zum »Sosein« zu vermitteln – »Persönlichkeitsbildung« im wahrsten Sinne des Wortes zu lehren.
In vielen Elternhäusern bleiben die Heranwachsenden mit ihren Fragen ebenso allein. Die Eltern sind mit der Arbeit,

den eigenen Problemen oder mit anderem beschäftigt, und wenn sich schon zuvor keine vertrauensvolle Beziehung zwischen Eltern und Kindern entwickeln konnte, wird es in dieser Zeit kaum eine Basis geben, solch bedeutende Fragen zu besprechen.

Das Wissen über den Körper und die Beziehung zu ihm bleiben wie zwei Welten unverbunden nebeneinander stehen, als hätten sie nicht viel gemein. Diese Spaltung in Körper und Geist, auch »Dualismus« genannt, ist ein häufig beobachtbares Phänomen: Viele Menschen wissen, wie eine gute Ernährung beschaffen sein sollte, und ernähren sich dennoch ungesund: Sie essen zu viel Fett, zu viel Zucker, bewegen sich zu wenig oder zu einseitig, rauchen und trinken zu viel Alkohol. Über Sexualität wissen viele Menschen ebenso gut Bescheid, dennoch bringt ihr Wissen sie nicht weit.

Dieses Kapitel hat deshalb zum Ziel, Ihnen theoretische Kenntnisse zu vermitteln, es möchte aber auch darüber hinausgehen und Sie ermutigen, erste Experimente zu machen. Es handelt sich um Experimente der Selbstwahrnehmung, die sich mit den Geschlechtsorganen, der Beckenbodenmuskulatur, den Zonen der Lust und schließlich mit den sexuellen Rhythmen beschäftigen.

Anatomie

Die Anatomie der weiblichen Geschlechtsorgane kennen lernen, wie sie heißen, wo sie sich befinden, wie sie aussehen, ist ein Schritt in die richtige Richtung. Einen Brückenschlag zu leisten »zwischen Kopf und Bauch«, zu realisieren, dass dies tatsächlich meine Geschlechtsorgane, die äußeren und die inneren, sind, ist ein zweiter Schritt. Über den Weg der bewussten Selbstwahrnehmung kann eine Brücke gebaut und die Verbindung hergestellt werden.

Diese Skizze gibt Ihnen einen Überblick über die äußeren weiblichen Geschlechtsorgane.

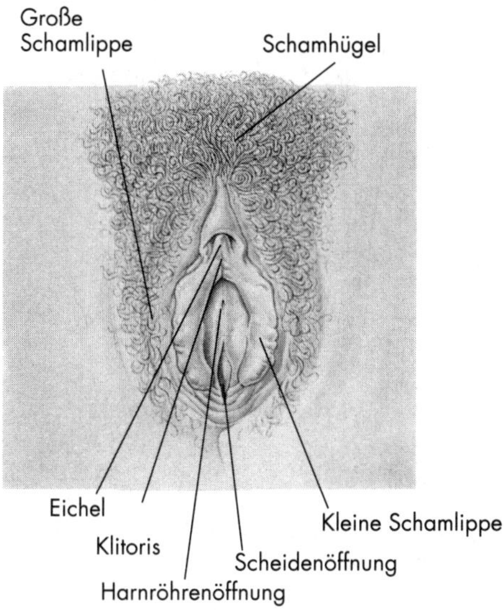

Möglicherweise sind Ihnen solche Abbildungen geläufig. Sie streifen sie mit einem Blick des Wiedererkennens, sagen sich: »Nichts Neues.« Vielleicht haben Sie sich jedoch bisher nur wenig mit solchem Anschauungsmaterial beschäftigt und reagieren neugierig, erstaunt, angenehm oder unangenehm berührt? Vielleicht möchten Sie lieber den Blick abwenden, weil das Hinschauen alte Verbotsregeln berührt?

Wie Sie hinsehen, welche Gefühle und Gedanken beim Blick auf diese Abbildung angestoßen werden, ist eine sehr persönliche Reaktion.
Wenn die Hinführung zu diesem Thema auf Ihr Interesse gestoßen ist, können Sie mit einem kleinen, vertiefenden Experiment mehr über Ihre Einstellung Ihren Geschlechtsorganen gegenüber herausfinden. (Diese Übung ist im Übrigen auch in einer Sexualtherapie sehr sinnvoll.)

Orientieren Sie sich bitte an der oben vorgestellten Skizze oder – wenn Sie mögen – stellen Sie sich vor Ihrem geistigen Auge Ihre eigene Genitalregion vor. Nehmen Sie dabei sich selbst gegenüber eine wohlwollende Haltung ein, seien Sie sich eine Freundin. Beginnen Sie so: »Ich sehe ... und empfinde das ...«

Für viele Frauen ist dies keine leichte Übung, es kommt ihnen fremdartig vor, sich derart mit sich selbst zu beschäftigen und sich auf eine freundliche Art ernst zu nehmen. Der Hinweis, sich selbst als gute Freundin zu begegnen, hilft jedoch nur wirklich, wenn Sie diesen inneren Rollenwechsel durchhalten und nicht zur Spötterin, Richterin oder gestrengen Mutter werden.

Die Beispiele einiger Patientinnen mögen Ihnen Mut machen:

Frau S., 38 Jahre alt, Künstlerin, ohne feste Partnerschaft: »Ich sehe einen weichen Hügel, von Haaren umkränzt, das empfinde ich als ein schönes, passendes Bild. Darauf thronen die großen Schamlippen, die die kleinen Schamlippen umschließen, fleischige Blütenblätter, zart, blassrosa. Wie eine Orchidee. (Frau S. lacht.) Finde ich ebenfalls schön ... Verborgen unter den Schamlippen – für die ich mich nicht schäme (lacht), liegt der Eingang zur Scheide, ein Schatzkästlein. Da darf nur rein, wer den richtigen Schlüssel besitzt. Und das empfinde ich als beruhigend.«

Frau P., 53 Jahre alt, Kosmetikerin, verheiratet, zwei erwachsene Kinder: »Ich sehe Schamhaare, ebenso Schamlippen ... Das empfinde ich als aufdringlich, irgendwie zur Schau gestellt. Am liebsten würde ich sie schließen ... Dann sehe ich die Klitoris, klein, fast winzig. Die finde ich toll, sie gibt Lust. Dann sehe ich da noch die Harnröhrenöffnung. Ich wusste gar nicht so genau, wie es da unten aussieht. Das empfinde ich als ... vielleicht neutral oder vielleicht sogar unsauber ... Alles liegt so nah zusammen. Dann ist da die Scheidenöffnung. Sie ist so klein. Ich empfinde fast etwas Mitleid mit ihr ... Aber ich bin auch stolz, dass sie sich derart dehnen kann, dass ein Babykopf durchkommt ...«

Jede Frau erzählt ihre eigene »Geschichte«, und wie Sie sehen, können diese sehr unterschiedlich ausgestaltet sein.
Gesunde Frauen nehmen ihre inneren Geschlechtsorgane wenig wahr. Sie treten erst dann ins Bewusstsein, wenn sich unangenehme Empfindungen wie Schmerzen vor oder während der Periode, Schmerzen während des Geschlechtsverkehrs oder schwangerschaftsbedingte Veränderungen bemerkbar machen.

Beispiele von Patientinnen:

Frau B., 21 Jahre alt, Bankangestellte, Partner: »Ich muss mich erst mal zurechtfinden. Das ist ja wie in einem Labyrinth. Also, ich sehe den Scheideneingang ... Die Scheide ist

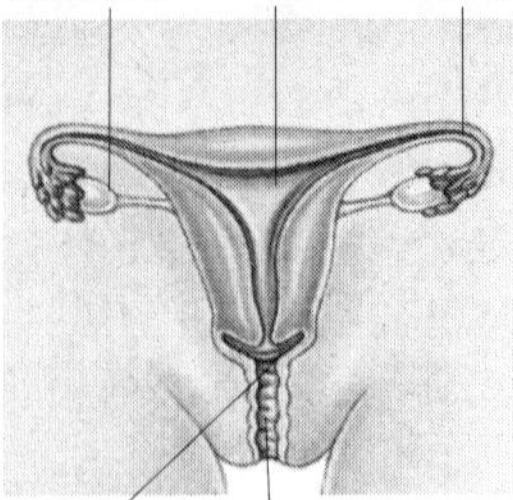

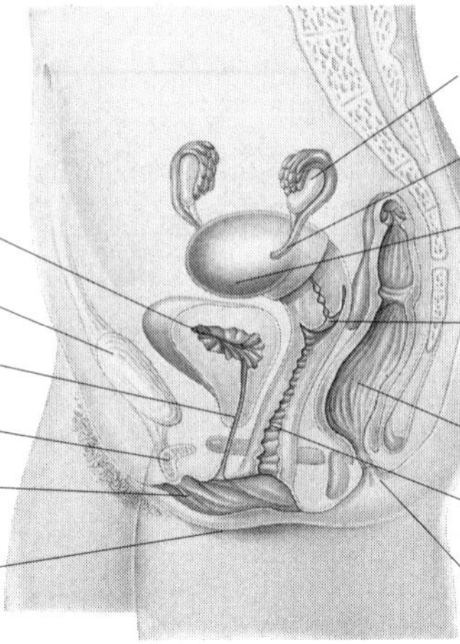

ja gefaltet wie eine Ziehharmonika. Interessant. Und wenn ich der Scheide folge, dann sehe ich den Muttermund. Da geht es wohl nicht weiter ... Und dann sehe ich die Gebärmutter. Wie klein sie ist. Da soll ein Kind reinpassen? ... Kann ich mir nicht vorstellen. Gebärmutter und Eileiter sehen aus wie Asterix mit Hut ... (lacht) ... dahinter sehe ich den Darm und den After ... Aha, und da ist die Blase mit der Harnröhre. Jetzt verstehe ich auch, warum mein Unterleib so drückt, wenn sie voll ist ... (lacht).

Wenn ich jetzt noch meine Empfindungen dazu ausdrücken soll, fällt mir das ziemlich schwer: Gebärmutter, Eileiter, Eierstock, Muttermund ... sind mir fremd, unbekanntes Land, sozusagen. Darm und After sind mir unangenehm, vielleicht sogar ein bisschen eklig ... Die Scheide, na ja, die kenne ich natürlich besser. Es ist schön, mit meinem Freund zu schlafen, meistens jedenfalls. Ich wünsche mir, dass ich eines Tages ... hoffentlich bald ... (lacht) ... einen Orgasmus kriege.«

Wieder schlage ich Ihnen vor, sich anhand der vorliegenden Abbildung Ihre eigene Geschichte beim Betrachten zu erzählen. Seien Sie auch hier von einer freundlichen Haltung sich selbst gegenüber geleitet. Wenn Sie Lust haben, können Sie Ihre Geschichte niederschreiben. Dies ermöglicht Ihnen im Anschluss daran einen anderen, vielleicht distanzierteren Blick mit neuen Erkenntnissen.
Beginnen Sie im ersten Schritt diesmal nur mit »Ich sehe ...«. Das Innere des Unterleibs ist komplexer und braucht mehr Aufmerksamkeit, um mit ihm vertraut zu werden
Im zweiten Schritt können Sie dann fortfahren mit: »Ich sehe ... und ich empfinde ...«. Schließen Sie, wenn Sie mögen, die Übung mit einem Wunsch: »Ich wünsche mir für meinen Unterleib/meine Scheide/meine Gebärmutter ...«

Frau C., 33 Jahre alt, Lehrerin, ein Kind, verheiratet: »Ich kenne die inneren Geschlechtsorgane ganz gut, weil ich mich in meiner Schwangerschaft damit beschäftigt habe. In der Abbildung bleibt mein Blick zuerst am Damm hängen (zwischen Scheide und After). Aufgrund eines Dammrisses musste ich genäht werden, die Wunde infizierte sich, und ich hatte lange Schmerzen, konnte auch acht Monate lang nicht mit meinem Mann schlafen ... Dann fällt mein Blick

auf die Gebärmutter. Unglaublich, wenn ich mir vorstelle, dass da meine Tochter drin gewesen sein soll. Ich bin richtig stolz, wenn ich daran denke, dass ich vor einem Jahr durch diesen engen Gang, die Scheide ... (lacht) ... mein Kind gesund hinausbefördert habe.
Meine Empfindungen: Meine inneren Geschlechtsorgane, besonders die Gebärmutter, erfüllen mich mit Stolz. Die Scheide ist für mich ein Ort der Lust, ich genieße es meistens sehr, wenn ich mit meinem Mann schlafe, ich weiß um ihre ungeheure Verwandlungsfähigkeit und Strapazierfähigkeit und sehe optimistisch einer neuen Schwangerschaft entgegen. Ich wünschte mir allerdings, dass ich diese Gedanken und Gefühle mehr in meinem Bewusstsein halten könnte. In meinem überfüllten Alltag gibt es kaum Platz für mich, geschweige denn ein bewusstes Schätzen meiner weiblichen Sexualität und den damit verbundenen Empfindungen.«

Sexueller Reaktionszyklus

Der sexuelle Reaktionszyklus, also der körperliche Ablauf bei einer sexuellen Handlung, wurde von Virginia Johnson und William Masters (siehe *Literaturverzeichnis* Masters, W.) in vier Phasen unterteilt: Erregungs-, Plateau-, Orgasmus- und Rückbildungsphase. Die Erregungsphase leitet die sexuelle Reaktion ein. Für die Plateauphase ist eine hohe sexuelle Erregung charakteristisch; sie wird von der Orgasmusphase abgelöst und mündet schließlich in die Rückbildungsphase, in der die körperlichen Erregungsanzeichen wieder in den

»Normalzustand« zurückkehren. Diese Einteilung führt immer wieder zu Verunsicherung. Viele Frauen fragen sich, reagiere ich auch normal, wenn z.B. die Erregungsphase sehr lange dauert, es also viel Zeit in Anspruch nimmt, bis ich in die Plateauphase komme, oder wenn die Plateauphase sehr kurz ist und schnell in einen Orgasmus übergeht?
Tatsächlich ist der Reaktionszyklus nicht ein starr ablaufendes oder gar vorhersagbares »Programm«. Es handelt sich lediglich um eine Beschreibungshilfe, die in Wirklichkeit ein außerordentlich variables Bild aufweist. Über die Dauer, die Ausprägung der körperlichen Anzeichen und die emotionale Befindlichkeit werden absichtlich keine Aussagen gemacht, diese sind individuell variabel.
Wenn Sie mögen, können Sie sich anhand dieses Vier-Phasen-Modells Gedanken über die Anzeichen Ihrer Erregung machen und diese notieren.

Die folgenden Abbildungen veranschaulichen diesen Prozess:

① Erregungsphase: Das Feuchtwerden der Scheide (Lubrikation) ist oft eines der ersten Anzeichen von sexueller Erregung, ebenso das Anschwellen der Klitoris und der inneren und äußeren Schamlippen. Die Brustwarzen stellen sich auf, bei einigen Frauen wird dies jedoch durch das Anschwellen der Warzenhöfe überdeckt und die Brüste vergrößern sich durch Blutandrang. Gleichzeitig wird die Gebärmutter durch verstärkte Muskelanspannung angehoben, der Herzschlag beschleunigt sich und der Blutdruck steigt. Die körperliche Erregung ist dennoch nicht zu verwechseln mit einer gefühlsmäßigen Bereitschaft zum Koitus, wie auch eine gefühlsmäßige Bereitschaft nicht gleichbedeutend ist mit einer körperlichen Bereitschaft.

Stadien der weiblichen Erregung

Erregung	Plateauphase	Orgasmus	Auflösung

Herzschlag und Atmung werden schneller, der Blutdruck steigt. Die Brüste werden größer, die Brustwarzen richten sich auf, die Adern treten stärker hervor.	Das Herz schlägt 100- bis 160-mal pro Minute. Die Brüste können sich bis zu einem Viertel ihres Umfangs vergrößern. Die Warzenhöfe schwellen an.	Alle körperlichen Anzeichen erreichen ihren Höhepunkt. Die Brüste bleiben groß, die Warzenhöfe angeschwollen und die Brustwarzen hart.	Herzschlag, Puls und Atmung normalisieren sich. Die Brüste nehmen wieder ihre normale Größe an, Rötungen verschwinden, während die normale Farbe zurückkehrt.
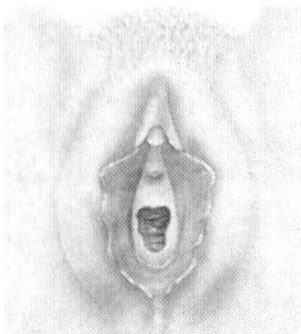	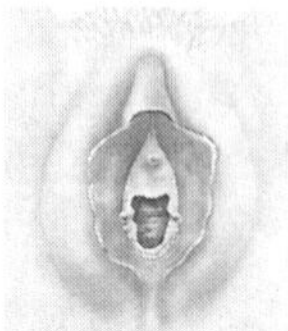	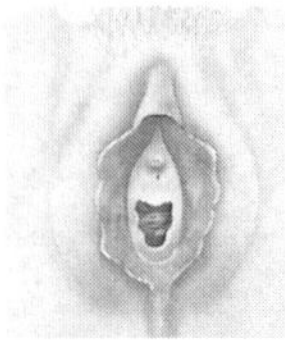	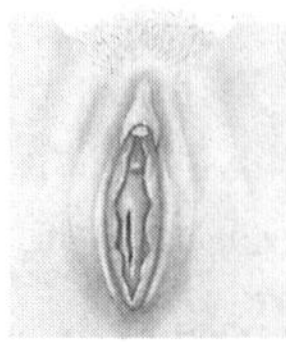
Die großen Schamlippen werden flacher, so dass die kleinen Schamlippen und die Klitorus anschwellen können. Die Scheide wird feucht.	Die Klitoris tritt hervor, die Schamlippen schwellen an und färben sich dunkelrot, Scheidensekret kann austreten.	Während des Orgasmus bleiben die externen Geschlechtsorgane im Erregungszustand und sind weiterhin in angeschwollenem Zustand.	Die externen Genitalien nehmen ihre normale Farbe an; die Klitoris zieht sich zurück, die Schwellung der Schamlippen geht zurück.
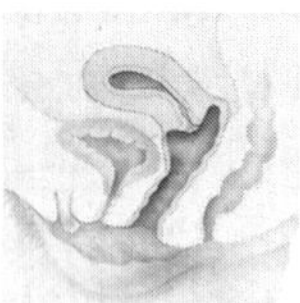	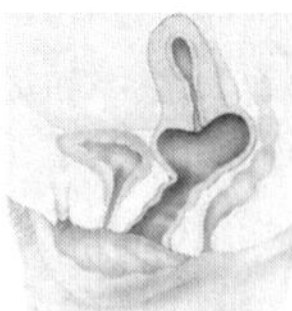	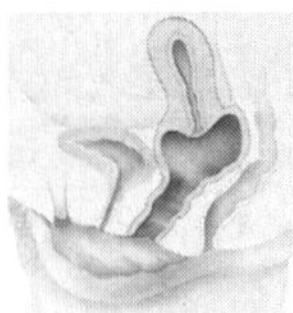	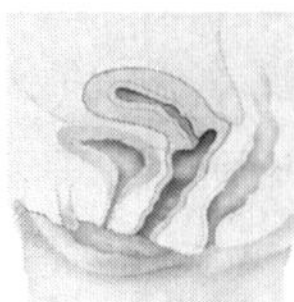
Die inneren zwei Drittel der Scheide erweitern sich und werden länger, die Scheidenwand verdickt sich. Die Gebärmutter hebt sich, so dass die Scheide länger wird.	Die äußeren zwei Drittel der Scheide schwellen an und die Scheidenöffnung zieht sich zusammen, um den Penis aufzunehmen.	Eine Welle von Kontraktionen im Abstand von 0,8 Sekunden durchzieht den Körper und wirkt auf Scheide, Gebärmutter und Schließmuskel.	Die Kontraktionen hören auf, Gebärmutter und Muttermund nehmen ihre normale Position ein; die Scheide nimmt wieder ihre normale Größe an.

② Plateauphase: Der Beckenbodenmuskel, der die Öffnung der Scheide umgibt, verengt sich im äußeren Drittel. An diesem Punkt fragen sich manchmal junge Frauen, ob sie nicht zu »eng« sind. Die Verengung ist jedoch ein Zeichen von Erregung und nicht das Zeichen eines Erregungsmangels. Weiterhin schwellen die großen und kleinen Schamlippen an, bei letzteren kommt es zu einer Lilaverfärbung. Die Gebärmutter erreicht den höchsten Grad ihrer Anhebung und die Klitoris zieht sich bei einigen Frauen unter das Vorhäutchen zurück. Brüste und Brustwarzen schwellen weiter an, Atem und Herzschlag beschleunigen sich. Je nachdem, wie eine Frau stimuliert wird, ob klitoral oder vaginal, laufen unterschiedliche körperliche Prozesse ab:
Bei klitoraler Stimulation erweitert sich die Scheide, die Gebärmutter hebt sich und die Öffnung der Vagina zieht sich zusammen. Beim Orgasmus zieht sich der Beckenboden zusammen und die Gebärmutter kann sich zusammenziehen.
Bei der vaginalen Stimulation ist die Scheidenwand angespannt, während der Scheideneingang erweitert bleibt, ohne dass die Gebärmutter angehoben wird. Bei diesem Vorgang kann der Penis aus der Vagina ausgestoßen werden.

③ Orgasmusphase: Da Frauen vaginal oder klitoral zum Orgasmus kommen können, nehmen einige Forscher an, dass die Erregungssignale über zwei verschiedene Nervenbahnen laufen. Frauen können in aller Regel auch unterscheiden, welche Art von Orgasmus sie erleben. Jeder ist in seiner Ausprägung eigen (vaginal oft mild, diffus oder auch tiefer, klitoral prägnant, intensiv, prickelnd usw.). Während des Orgasmus wird das Loslassen des angestauten Blutes im Beckenbereich als angenehme Wärme erlebt. Bei manchen Frauen tritt eine Flüssigkeit aus, in der Zusammensetzung ähnlich dem männlichen Samenerguss und nicht mit Urin zu verwechseln, die den Urethraldrüsen entstammt.

④ Rückbildungsphase: Alle körperlichen Prozesse laufen in umgekehrter Reihenfolge ab. Bei der Auflösung der Muskelspannung und des Blutandrangs entsteht oft ein Gefühl der angenehmen Erschöpfung, der Leichtigkeit und Müdigkeit. Wenn eine Frau keinen Orgasmus erlebt hat, klingen Blutandrang und Muskelspannung langsamer ab. Für manche Frauen ist der Zustand unbefriedigend, andere sind davon nicht irritiert.

Die Bedeutung der Beckenbodenmuskulatur

Der Beckenboden besteht aus Muskeln, deren Aufgaben darin bestehen, die verschiedenen Körperöffnungen (Scheide, Harnröhre und After) zu schließen und die Eingeweide zu stützen. Die Abbildung zeigt die Beckenbodenmuskulatur (auch Pubococcygeus-Muskel oder kurz PC-Muskel genannt).

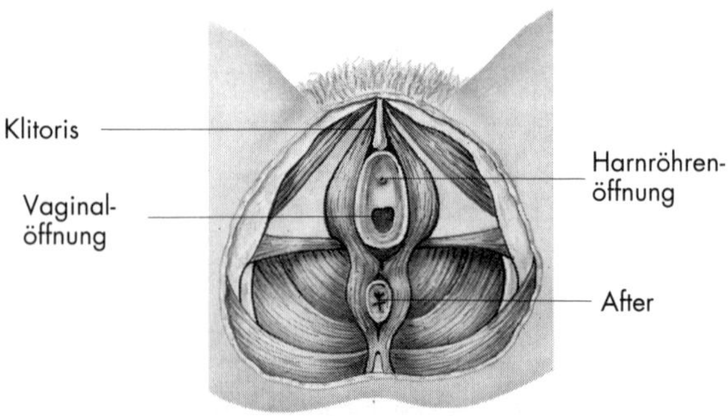

Beckenbodenmuskulatur

Die Gründe für einen geschwächten Beckenboden sind verschieden und reichen von Überdehnung durch eine Geburt, die die Muskeln dünn und kraftlos macht, über hormonale Veränderungen während der Wechseljahre bis hin zu einem dauerhaften Trainingsmangel. Es ist zwar bekannt, dass Muskeln, die untrainiert bleiben, an Kraft und Größe verlieren, was viele jedoch nicht wissen, ist, dass Muskeln, die kein Gelenk bewegen, also nicht unmittelbar in ihrer Wirkung beobachtet werden können, noch leichter vernachlässigt werden. Solche Muskeln, wie der Beckenboden, werden oft nicht wahrgenommen, weil sie sich nur durch ein Muskelgefühl selbst, beispielsweise zurückgehaltenen Harn- oder Stuhldrang, bemerkbar machen oder aber in ihrer Selbstverständlichkeit unterschätzt werden. Viele Frauen machen erst in der Schwangerschaft oder bei Harninkontinenz, also dem unkontrollierten Wasserlassen, einer häufigen Folge überdehnter Muskelfasern bei der Geburt, Bekanntschaft mit diesem Muskelgewebe. Zuvor scheint die Beckenbodenmuskulatur nicht vorhanden zu sein, die Kenntnis seiner Bedeutung, auch für eine gute Sexualität, nicht zu existieren, ein Tabu umgibt sie.

Für die sexuellen Empfindungen ist die Beckenbodenmuskulatur deshalb von großer Bedeutung, weil sich in ihr viele Empfindungsnerven befinden. Frauen berichten immer wieder, wie wenig sie beim Geschlechtsverkehr empfinden können. Dies ist nicht ganz falsch, aber auch nicht ganz richtig. In der Scheide selbst enden fast keine Empfindungsnerven. Aber die Beckenbodenmuskulatur umgibt die Scheide, kann sie wie eine Manschette zusammenziehen und reagiert überdies auf Zug und Druck. Wird der Beckenboden zusammengezogen und dadurch die Scheide verengt sowie Zug und Druck durch den Penis ausgeübt, werden die empfindsamen Nervenendigungen stimuliert, beides macht die sexuelle Lust beim Geschlechtsverkehr aus. Insbesondere die »Lustpunkte« (wir kommen darauf noch zu sprechen), die aus einer Anhäufung solcher Empfindungsnerven bestehen, werden durch den Druck des Penis stimuliert.

Eine Studie über die Bedeutung der Beckenbodenmuskeln für die weibliche Orgasmusfähigkeit hat ergeben, dass Frauen, die selten oder niemals einen Orgasmus erlebten, eine relativ schlaffe Muskulatur besitzen. Frauen, die einen Klitorisorgasmus kennen, hatten eine bessere Beckenbodenmuskulatur. Bei Frauen mit Klitoris- und Vaginalorgasmus war der Beckenboden am besten trainiert.

Während es bislang um die mangelnde Wahrnehmung und Übung der Beckenbodenmuskulatur ging, gibt es im Gegensatz dazu auch eine »Überanspannung«: Die Muskeln ziehen sich so straff zusammen, dass das Eindringen in die Scheide nicht mehr möglich ist. Beim Vaginismus, dem Scheidenkrampf, ist die Kontrolle über das Maß der Anspannung und Entspannung verloren gegangen.

Frauen jeden Alters können aktiv etwas dafür tun, die Beckenbodenmuskulatur durch willentliche An- und Entspannung zu trainieren, denn Muskeln verlieren fast nie die Fähigkeit, wieder zu erstarken. Der Arzt Arnold Kegel hat in den fünfziger Jahren auf dem Hintergrund seiner Erfahrungen mit harninkontinenten Frauen solche Übungen entwickelt, die später von anderen Sexualtherapeuten vielfältig variiert wurden. Einige dieser Übungen möchte ich Ihnen im Folgenden vorstellen.

Zwei Übungen können Ihnen helfen, die Beckenbodenmuskeln wahrzunehmen:

> ❶ Nutzen Sie die Gelegenheit, wenn Ihre Harnblase gut gefüllt ist, die entsprechende Muskulatur wahrzunehmen. Spüren Sie zuerst nach, bevor Sie den Harn lassen, wo Sie entspannen. Wenn der Strahl fließt, verkneifen Sie sich ihn vollständig. Lassen Sie dann wieder los. (Gelingt Ihnen diese Übung, dann ist dies ein gutes Zeichen und spricht für die Straffheit Ihres PC-Muskels.)
>
> ❷ Nehmen Sie sich in einer ruhigen Minute Zeit. Lassen Sie den Mittelfinger die Scheide hinaufgleiten, erspüren Sie die Länge und den Raum. Versuchen Sie dann, die Scheide absichtlich zu verengen, indem Sie Ihren Finger »umklammern«. Wenn Ihre Beckenbodenmuskulatur gut trainiert ist, verspüren Sie eine anhebende Wirkung, und der Muskeldruck wird deutlich spürbar.

Übungen zum Training der PC-Muskulatur:

Bei diesen Übungen handelt es sich um grundlegende Schritte zum Aufbau einer besseren Empfindungsfähigkeit, gleichgültig ob Sie ein sexuelles Problem haben oder nicht. Sie können diese Übungen im Stehen, Sitzen und Liegen durchführen. Nach außen hin sind Ihre Aktivitäten nicht sichtbar:

> ❶ Ziehen Sie den PC-Muskel drei Sekunden lang zusammen und lassen Sie ihn dann wieder drei Sekunden los. Die Atmung hilft Ihnen dabei, indem Sie beim Anspannen die Luft anhalten und beim Entspannen ausatmen.

Wahrscheinlich werden Sie zu Beginn die Gesäßmuskeln mit anspannen, im Laufe der Zeit lernen Sie das eine vom anderen zu unterscheiden.
(Das Zusammenziehen und Loslassen des PC-Muskels sollte anfangs dreimal täglich jeweils ca. zwanzigmal durchgeführt werden. Steigern sie jeweils die Anzahl der Kontraktionen bis zu ca. fünfzigmal.)

❷ Versuchen Sie nun im nächsten Schritt ihren PC-Muskel schnell anzuspannen und zu entspannen. Wundern sie sich nicht über einen auftretenden Muskelkater, durch den Sie sich nicht beirren lassen sollten. (Führen Sie auch diese Übung dreimal täglich ca. zwanzigmal durch, steigern Sie allmählich die Kontraktionen bis zu jeweils ca. fünfzigmal.)

Nach ca. vier Wochen regelmäßigen Trainings werden Sie eine deutliche Veränderung hinsichtlich der Stärkung Ihres Beckenbodens verspüren. Ebenso werden Sie feststellen, dass diese Übungen ein angenehmes, leicht erregendes Gefühl hervorrufen können.

Weibliche Lustzonen

Vielleicht kennen Sie die Situation: Sie möchten gerne ohne viel Aufhebens, ohne »großartige« Bemühungen entweder durch Selbstbefriedigung oder zusammen mit einem Partner einen Orgasmus bekommen. Aber Ihre erogenen Zonen lassen Sie im Stich, sie reagieren auf die Berührungen, als seien sie taub.

Erogene Zonen – damit ist ein bestimmtes, für sexuelle Reize empfängliches Körperoberflächenareal gemeint – entfalten erst dann ihr Potential, wenn verschiedene äußere und innere Bedingungen zusammenkommen: die richtige Gestimmtheit, Vertrauen, körperliche Frische usw. Erogene Zonen können, sobald deren Berührung mit bestimmten Erwartungen oder Erinnerungen einhergeht, intensiver spürbar werden, im positiven wie im negativen Sinne. Dabei gibt es Empfindungspotentiale, die oft weder bewusst noch ausgeschöpft sind: Eine ehemalige Patientin war allein durch die Vorstellung daran, wie ihr Liebhaber sie auf eine bestimmte Art und Weise streichelte, in der Lage, orgastisch zu reagieren. Dieses Beispiel zeigt die großartige menschliche Fähigkeit zur Lust durch eine Vorstellungsleistung.

Erogene Zonen, mit vielen Nervenendigungen versehen, füllen sich bei angenehmer Berührung mit Blut, wodurch sie an Größe gewinnen und ihre empfindsame Fläche erweitern. Während Lippen, Brüste, Brustwarzen, Taille, Klitoris, Scheide, Gesäß, Schenkelinnenseiten usw. bei allen Frauen hochempfindsam sind, hat jede Frau bevorzugte Stellen.

Übung zur Wahrnehmung und Intensivierung erogener Zonen:

Nehmen Sie sich einen Zeitraum von ca. zwanzig Minuten, in dem Sie ungestört sind. Suchen Sie einen Platz auf, wo Sie bequem nackt sitzen oder liegen können. Wenn Sie möchten, schließen Sie die Augen.

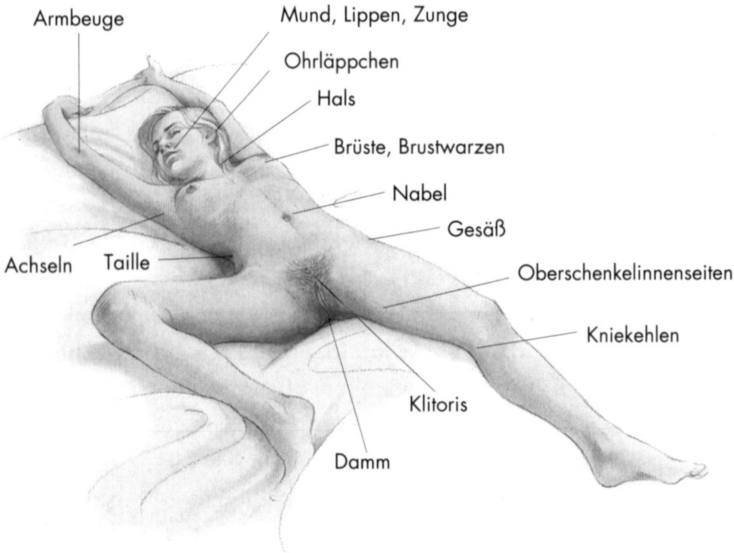

Richten Sie Ihre Aufmerksamkeit ganz auf sich und Ihren Körper.
Erforschen Sie nun Ihren Körper daraufhin, welche Körperstellen sich angenehm anfühlen. Beginnen Sie z.B. mit dem Gesicht, den Haaren und den Ohren, und wandern Sie dann in einem für Sie angenehmen Tempo den Körper hinab.

Experimentieren Sie in einem weiteren Schritt mit unterschiedlichen Berührungsarten: Streicheln, kneten, massieren, »walken«, »petzen« Sie. Wenn Sie mögen, können Sie auch verschiedene Materialien wie Watte, Pelz, Samt, Leder, Federn usw. dabei ausprobieren.
Welche Stellen bevorzugen Sie?
Welche Berührungsarten bevorzugen Sie?
Selbstverständlich können Sie diese beiden Übungen auch mit Ihrem Partner oder Ihrer Partnerin durchführen. Teilen Sie sich nach den Übungen mit, was Ihnen besonders gefallen hat und was weniger.

Die Klitoris als orgasmusauslösendes Lustzentrum ist allgemein bekannt. Weniger bekannt sind dagegen die Stellen in der Scheide, die beim Geschlechtsverkehr Orgasmen verursachen können. Forscher haben in den letzten zwei Jahrzehnten diese Punkte (wieder) entdeckt, benannt und für die Veröffentlichung ihrer Entdeckung gesorgt. (Wieder entdeckt deshalb, weil viele Frauen diese Lustzentren lange kannten!) Am bekanntesten dürfte hiervon der so genannte Gräfenberg-Punkt bzw. G-Punkt sein, benannt nach seinem »Entdecker« in den vierziger Jahren des vergangenen Jahrhunderts. Weitere hochsensible Punkte in der Scheide sind der U- und der A-Punkt. Der U-Punkt befindet sich nah am Scheideneingang und löst bei Berührung Harndrang aus. Der A-Punkt befindet sich dagegen in der »Tiefe«, zwischen G-Punkt und Muttermund.

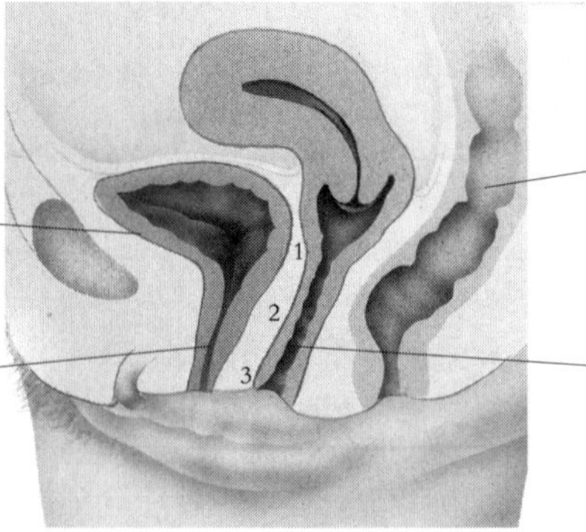

1 A-Punkt 2 G-Punkt 3 U-Punkt

Übungen zum Entdecken und Experimentieren:

Nehmen Sie sich auch für diese Übung wieder ca. zwanzig Minuten Zeit, in denen Sie ungestört sind, und entleeren Sie vorher Ihre Blase. Suchen Sie sich einen angenehmen Platz, an dem Sie sich nackt aufhalten mögen. Richten Sie Ihre Aufmerksamkeit auf sich und Ihren Körper. Schließen Sie gegebenenfalls die Augen. Erforschen Sie mit dem Mittelfinger das Innere Ihrer Scheide. Suchen Sie zuerst den U-Punkt, ca. 2,5 cm vom Scheideneingang entfernt. Anders als bei der Klitoris müssen Sie schon etwas fester drücken, um sowohl den U-Punkt als auch die anderen beiden Punkte, die unter Hautschichten verborgen liegen, zu identifizieren. Verspüren Sie dabei Harndrang, sind Sie am richtigen Ort.
Wandern Sie dann mit dem Mittelfinger weiter und begeben Sie sich auf die Suche nach dem G-Punkt. Er befindet sich etwa auf halber Strecke zur Bauchdecke

hin zwischen Scheideneingang und Bauchnabel. Auch hier müssen Sie die Scheidenwand etwas fester abtasten, um ihn lokalisieren zu können. Den A-Punkt dürften Sie mit Ihrem Mittelfinger nicht ertasten können. Er liegt zu tief in der Scheide.
Bei genügend fester Stimulierung mit dem Mittelfinger können Sie am U- und G-Punkt einen Orgasmus erleben.
Diese Übung können Sie auch mit Ihrem Partner/Ihrer Partnerin ausprobieren, indem er oder sie die Suche mit dem Finger übernimmt.

Der U-Punkt wird angenehm erregt, wenn sich der Penisdruck besonders auf den Scheideneingang konzentriert. Der G-Punkt wird günstig stimuliert, wenn der Partner von hinten in Sie eindringt bzw. wenn Sie oben liegen. Tiefes Eindringen stimuliert besonders den A-Punkt. Dies ist für viele Frauen nicht immer angenehm.

Sexuelle Rhythmen

In der Tierwelt regelt die Natur zum geeigneten Zeitpunkt, wenn der Eisprung erfolgt, die Wahrscheinlichkeit der Befruchtung also am höchsten ist, durch ein genetisch vorgegebenes Verhaltensmuster den Paarungsakt. Männliche Primaten wie Schimpansen riechen die Bereitschaft der Weibchen zur Empfängnis. Wenn der Eber einen bestimmten Stoff im Speichel produziert und über den Atem ausstößt, reagiert eine weibliche Sau paarungswillig. Auch die Hirschkuh sendet einen bestimmten Geruch aus, der einen Hirsch unweigerlich zum Brunftverhalten animiert. Der Geruch, wie die Beispiele zeigen, spielt hierbei übergeordnet eine wichtige Rolle. Wie der Paarungsakt schließlich vollführt wird, unterliegt ebenso festgelegten Programmen.

In der Menschenwelt ist die Empfängnisbereitschaft weder olfaktorisch (durch den Geruch) noch durch äußere Veränderungen offensichtlich, ebenso unterliegt das Sexualverhalten keinem festgelegten Muster, was der menschlichen Kreativität einen breiten Spielraum einräumt, leider aber auch vielen Störungsmomenten. Die wenigsten Frauen können heute noch mit Sicherheit den Zeitpunkt ihres Eisprungs identifizieren. Dies liegt zum einen an dem häufigen Gebrauch der Pille als Verhütungsmittel, die die hormonellen Abläufe nivelliert und unkenntlich macht. Zum anderen wiegen sich viele Frauen, die mit mechanischen Verhütungsmitteln wie Kondome, Diaphragma und Zervixkappe verhüten, so sehr in Sicherheit, dass auch sie ihren Eisprung nicht wahrnehmen. Nur Frauen, die so genannte natürliche Verhütungsmethoden wie die Schleimstruktur- und Temperaturmethode anwenden, sind gezwungen, ihren Monatszyklus genau zu beobachten. Außerdem kommen Frauen, deren Monatszyklus von starken, oft unangenehmen körperlichen oder seelischen Begleiterscheinungen gefolgt ist, nicht umhin, die Veränderungen wahrzunehmen und sich mit ihnen auseinander zu setzen.

Die angenehme Seite, den Monatszyklus nicht beachten zu müssen und von der Gefahr einer Schwangerschaft befreit zu sein, führt tatsächlich auch unbemerkt und nachteilig zu einer Veränderung des weiblichen Selbstbewusstseins: Der Monatszyklus mit all seinen körperlichen und seelischen Begleit-

erscheinungen des Kommens und Gehens, des Beginnens und Endens über den »Höhepunkt« der Zyklusmitte hinaus gehen in der Wahrnehmung und im Erleben verloren, der Zyklus wird zu einem unbekannten, weißen Fleck auf der Landkarte unseres Selbstverständnisses. Bestimmte Körpersignale, Stimmungs- und Leistungsschwankungen und Zeitpunkte erhöhter sexueller Ansprechbarkeit sowie Zeiten des sexuellen Rückzugs, die bestimmte individuelle Muster bilden und einen Teil der Identität ausmachen, gehen als Orientierungshilfe verloren. Ein »unausgefülltes« Terrain der Identität entsteht, das fruchtbaren Boden für von außen kommende Erwartungen bietet. (»Man muss ein- bis zweimal in der Woche wollen.« – »Man muss immer leistungsfähig sein.« – »Man muss seine Launen unter Kontrolle haben.«)
Dabei legen empirische Studien eine erhöhte sexuelle Ansprechbarkeit um die Zeit des Eisprungs (etwa die Hälfte der befragten Frauen mit einem reifen Monatszyklus berichteten, dass sie dann am meisten Lust hätten) und kurz vor der Periode nahe (12 % der befragten Frauen hatten zu diesem Zeitpunkt am meisten Lust). Manche Frauen berichteten sogar über mehr Lust auf Sex während der Periode. Diese Ergebnisse sind ernüchternd und relativieren die populäre Hypothese einer unter Alltagsbedingungen allseits entfachbaren Lust. Diese Erkenntnisse über die »Gipfel der Lust« sind in der Sexualtherapie bei Lust-, Erregungs- und Orgasmusproblemen konkret nutzbar. Bevor wir uns aber dem praktischen Teil zuwenden, will ich diese Annahmen ausführen.
Laut einer Studie (deren ethische Seite ich an dieser Stelle nicht diskutieren möchte) reagieren Frauen in der fruchtbaren Phase kurz vor dem Eisprung auf erotische Filme erregter als in der Zeit davor und danach. Als Indikator für die se-

xuelle Erregung maßen die Forscher die Erhöhung der Schamlippentemperatur, auf die Frauen keinen bewussten Einfluss haben. Körperliche Erregungsanzeichen sind allerdings nicht gleichbedeutend mit der Lust selbst: Was »unten« als erregend empfunden wird, muss sich »oben« nicht unbedingt in einer lustvollen Stimmung widerspiegeln. Die Bereitschaft, die körperlichen Signale als Erregung zu interpretieren, und die Entscheidung, ihnen nachgeben zu wollen, müssen hinzukommen.

Dennoch macht diese Studie deutlich, wie eng die biologische Seite der Empfängnisbereitschaft mit der erhöhten sexuellen Ansprechbarkeit zusammenhängt. Dies vielleicht noch umso mehr, wenn man bedenkt, dass erotische Filme in der Regel eher auf die Bedürfnisse eines männlichen Publikums abgestimmt sind.

In einer weiteren Studie untersuchte man den Zusammenhang von weiblichem Zyklus, Kleidung und Ausgehverhalten in Wiener Diskotheken. Erstaunlicherweise gingen Frauen, die einen festen Partner hatten, aber nicht mit oralen Verhütungsmitteln, also der Pille, verhüteten, an ihren empfängnisbereiten Tagen überdeutlich häufig alleine in eine Disco. Im Vergleich zu nicht empfängnisbereiten Frauen zeigten erstere »mehr Haut« und berichteten von einem intensiveren Wunsch nach Kontaktaufnahme mit Männern. Diese Studie weist auf verschiedene Aspekte hin: Offensichtlich werden Frauen, deren Zyklus hormonell nicht durch die Pille beeinflusst ist, um die Zeit des Eisprungs herum von einer Art »Jagdfieber« gepackt. Sie bekommen Lust darauf, sich attraktiver zu fühlen, Lust, sich herauszuputzen und mit ihren Reizen zu spielen. Der intensivere Wunsch nach Kontaktaufnahme mit Männern lässt sie eher dem »Jagdfieber« nachgeben und aktiv werden.

Selbstverständlich haben wir es mit einem ausgewählten Kreis an Frauen zu tun, die alle in etwa zwischen zwanzig und dreißig Jahre alt sind, weder unattraktiv noch schüchtern sind, die an Musik und Tanz interessiert sind, vielleicht noch nicht »fürs Leben« gebunden sind. Andere Persönlichkeitsmerkmale, große Schüchternheit etwa, andere Lebensumstände, verheiratet, Kinder usw., verändern möglicherweise das Bild des sichtbaren Verhaltens ganz beträchtlich. Dennoch, die grundlegenden biologischen Prozesse bleiben bis zu den Wechseljahren dieselben, sodass sich die Frage stellt, was mit der »Jägerin« in der Frau geschieht. Wurde sie gezähmt oder neutralisiert und zur aufopferungsvollen Mutter, zur braven Hausfrau, zum Weibchen, zur coolen Karrierefrau domestiziert? Auch dies sind wieder Ansatzpunkte, die therapeutisch nutzbar gemacht werden können.

Schließlich noch eine dritte Studie, die sich mit Geruchsreizen beschäftigt. Frauen mögen gewöhnlich den Schweißgeruch von Männern, der eine dem Urin ähnliche Substanz enthält, nicht. Diese Einstellung ändert sich jedoch um die empfängnisbereite Zeit des Eisprungs herum. Frauen können dann die Männer »besser riechen«, die Toleranzschwelle sinkt und die Wahrscheinlichkeit, zu diesem Zeitpunkt zu empfangen, steigt. Die Bedeutung des Geruchs, auf den wir noch näher zu sprechen kommen werden, ist fundamental. Kann ich jemanden nicht riechen, so mag ich ihn auch nicht und lasse ihn erst gar nicht in meine Nähe kommen, Sexualität schließt sich wie von selber aus. Tatsächlich jedoch verändert die Biologie zyklusabhängig die Attraktivität des Mannes für die Frau, was evolutionsbiologisch durchaus Sinn macht, die Gattung Mensch sorgt damit für ihr Überleben.

Während sich die eben genannten Studien nur mit dem Zusammenhang zwischen empfängnisbereiten Tagen und sexueller Bereitschaft beschäftigen, konnte ich leider keine empirischen Studien finden, die über eine erhöhte sexuelle Bereitschaft kurz vor der Menstruation berichten, zum Zeitpunkt des zweiten, wenn auch schwächer ausgeprägten Östrogengipfels. Berichte von Frauen, die über mehr Lust während der Menstruation Aussagen machen, sind zwar in der Fachliteratur nachlesbar, aber auch hierzu lagen mir keine empirischen Belege vor. (Mangel an empirischen Belegen bedeutet jedoch nicht notwendigerweise, dass die erhöhte Lust nur »eingebildet« ist – was auch kein Schaden wäre –, sondern lediglich, dass sie entweder mit den vorhandenen Methoden nicht nachweisbar war oder dass man sich nicht um einen Nachweis bemüht hat.) Für letztere Hypothese, dass Frauen während der Menstruation mehr Lust haben, dürften hormonelle Gründe jedoch keine Rolle spielen. Vielmehr kann man psychologische Faktoren annehmen: Für viele Frauen ist die Schwelle, während der Blutung Sexualität zu haben, zwar höher und sie sind mehr damit beschäftigt, die »blutigen« Folgen unter Kontrolle zu bringen. Vielleicht aus eigenem Widerstreben, aus Rücksichtnahme oder aus der Erfahrung heraus, dass sie sowieso nicht »landen« können, versuchen auch ihre Partner häufig keinen Annäherungsversuch. Dies gibt besonders all jenen Frauen die Chance einer legitimen Auszeit, die sich sehr schwer tun, sich von tatsächlichen oder vermeintlichen Erwartungen ihres Partners abzugrenzen. Die Freiheit, Lust haben zu dürfen, kann unter diesen Umständen sehr stimulierend wirken. Ebenso kann es für manche Frauen sehr anregend sein, den etwas widerstrebenden Partner zu verführen und die eigene Macht zu erleben.

Biologie und Sexualverhalten sind – wie deutlich wurde – enger miteinander verzahnt, als uns vielleicht bewusst und lieb ist. Hierbei spielen die hormonellen Abläufe eine herausragende Rolle. Ihr Verständnis erleichtert es uns, bestimmte Phänomene körperlicher und emotionaler Veränderung, ja sogar der Traumtätigkeit, besser einzuordnen.
Hormone sind Substanzen, die, ständig im Blut kreisend, verschiedene Reaktionen in Gang setzen. Die so genannten Geschlechtshormone werden in den Keimdrüsen (Eierstöcke bzw. Hoden) sowie in der Hirnanhangdrüse und dem Großhirn produziert. Die Eierstöcke schütten Östrogene, Progesteron und Androgene (u.a. das Testosteron) aus. Sie veranlassen wiederum bestimmte Zellen des Gehirns und der Anhangdrüse, Hormone und hormonähnliche Substanzen auszuschütten (LHRH, LH, FSH und Beta-Endorphine). Für jede Phase im Leben einer Frau (heranwachsendes Mädchen; erwachsene, fruchtbare Frau; Frau in den Wechseljahren; Frau nach der Menopause) ist ein bestimmtes Grundmuster hormoneller Ausschüttungen charakteristisch. Das Aussehen einer Frau, ihre Kraft und Energie, ihre Gemütsverfassung und ihre Gesundheits- bzw. Krankheitsanfälligkeit stehen unter dem Stern dieser hormonellen Rhythmen, einer Art von biologischem Programm.
Betrachten wir kurz die hormonellen Veränderungen und ihre Auswirkungen auf Körper, Psyche und Sexualität:
Der 28-Tage-Zyklus ist zwar weit verbreitet, jedoch keine Norm, viele Frauen haben kürzere oder längere Zyklen. Auch die Dauer der Menstruation variiert zwischen drei und sieben Tagen. Unabhängig von der Zyklusdauer jedoch geschieht der Eisprung 14 Tage vor Menstruationsbeginn. Nach Ende der Monatsblutung bis zum Eisprung

wird keine oder nur eine geringfügige Menge an Vaginalsekret produziert, sodass eine Frau ein längeres Vorspiel bis zum Feuchtwerden braucht. In der zweiten Zyklushälfte dagegen bis wenige Tage vor Menstruationsbeginn wird reichlich Vaginalsekret (auch ohne sexuelle Erregung) abgesondert. Zur Zyklusmitte hin vergrößern sich die Brüste und werden empfindlicher, überdies kommt es zu einer Gewichtszunahme durch vermehrte Wassereinlagerungen. Manche Frauen berichten von Heißhungeranfällen oder von der Gier nach Süßigkeiten. Wenn der Östrogenspiegel sinkt, verschwinden diese Effekte wieder. Da es in der zweiten Hälfte zu einem erneuten, wenn auch geringeren Östrogenanstieg, unterstützt durch einen Progesteronanstieg, kommt, kann sich die Brust nochmals vergrößern bzw. das Gewicht erneut ansteigen. Der zweite Progesterongipfel kann auch zur Erhöhung der Körpertemperatur führen, wobei der Abfall vor Eintritt der Menstruation die kalten Hände und Füße, über die viele Frauen klagen, erklärt. Prämenstruell, also kurz vor der Menstruation, können die hormonellen Schwankungen bei einigen Frauen Durchfall und Unterleibskrämpfe, bei anderen Verstopfung bewirken. Die hormongesteuerte Verengung bzw. Erweiterung von Blutgefäßen kann auch Kopfschmerzen oder Herzjagen erzeugen.

Die körperlichen Veränderungen stehen in Wechselwirkung mit den emotionalen und sexuellen Reaktionen. Während der »trockenen« Tage nach der Menstruation, der Zeit, in der das Ei heranzureifen beginnt und nur geringfügig Vaginalschleim produziert wird, haben viele Frauen keine Lust auf Sex. Dies scheint ein Zeitraum zu sein, wo Altes abgeschlossen und Neues auf den Weg gebracht werden

Der Menstruationszyklus

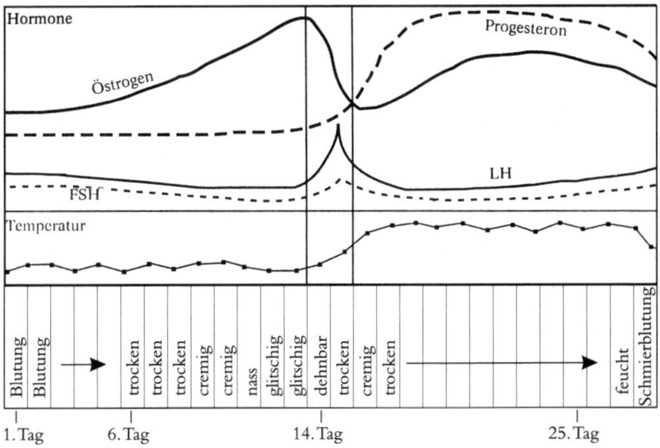

kann. Dies wird begreiflich, wenn man sich vor Augen hält, dass die fruchtbaren Tage um den Eisprung herum, jene Zeit also, auf die der Zyklus zustrebt und in der der Östrogenspiegel am höchsten ist, die Zeit der höchsten Leistungsfähigkeit darstellen. Untersuchungen haben gezeigt, dass Frauen in den fruchtbaren Tagen bei Intelligenz- und Leistungstests besser abschneiden sowie sportliche Höchstleistungen vollbringen. Außerdem ist nicht nur der Körper zur Empfängnis bereit, indem die Brüste voll und empfindsam sind, die Scheide feucht und die Körpertemperatur angestiegen ist, sondern die sexuelle Bereitschaft ist (wie die oben genannten Studien belegen) am höchsten. Hierbei kommen auch die Wirkungen der Androgene, männlicher Geschlechtshormone, zum Ausdruck, die im Zyklus außer zur Zeit des Eisprungs eine relativ unbedeutende Rolle spielen. Wahrscheinlich stehen sie mit dem gesteigerten sexuellen Verlangen in Beziehung. Das Progesteron, das in der zweiten Zyklushälfte seinen Höhepunkt erreicht, scheint ebenso die psychische Befindlichkeit zu beeinflussen: Offensichtlich wirkt es auf Frauen narkotisierend und angenehm ermüdend. Einige Tage vor der Menstruation, wenn der Progesteronspiegel am höchsten und der Östrogenspiegel wieder angestiegen ist, erleben viele Frauen einen zweiten sexuellen Gipfel, der sich jedoch qualitativ von dem ersten zu unterscheiden scheint: Während beim ersten Gipfel um den Eisprung herum Frauen von einer weichen Grundgestimmtheit berichten, erleben sich Frauen beim zweiten sexuellen Gipfel als eher wild, drängend bis grob.

Wenn schließlich prämenstruell Östrogene, Progesteron und Beta-Endorphine (bei letzteren handelt es sich um eine hormonähnliche Substanz, die das Wohlbefinden steigert) absinken, treten auch öfters Gereiztheit und depressive Verstimmungen auf.

Der hormonelle Monatszyklus, insbesondere die Schwankungen des Progesteronspiegels, scheint ebenso in Zusammenhang mit der Veränderung der Trauminhalte zu stehen: In der Phase von der Menstruation bis zum Eisprung, in der der Progesteronspiegel niedrig ist, träumen befragte Frauen vermehrt von außerhäuslichen Aktivitäten, während derer sie initiativ sind, die Führung übernehmen und eher zielgerichtet handeln. In der Phase vom Eisprung bis zur Menstruation, in der Progesteron ausgeschüttet wird und den Gipfel erreicht, sind die nächtlichen Träume von einer eher friedfertigen, geruhsamen Stimmung geprägt. Bezeichnenderweise spielt sich das Geschehen in Räumen ab. Während der Menstruation wiederum, die in die Follikelphase mit einem niedrigen Progesteronspiegel übergeht, berichten Frauen häufiger von blutigen und gewaltsamen Träumen. Schattenseiten des Lebens scheinen aktiviert zu werden, die inhaltlich, wenn auch nicht spiegelbildlich wie in den Nachrichten, Realität abbilden. Atmosphäre und Stimmung eines Traumes geben wichtige Anhaltspunkte darüber, welche Themen uns unbewusst beschäftigen. Man muss jedoch schon genau hinschauen, um diese Botschaften wahrzunehmen, die wie nebenher mitschwingen, sie gehen sonst im Alltagstrubel leicht verloren. Ein Grund hierfür ist sicherlich der, dass das heutige Denken von Vernunft, Rationalität und Logik gesteuert wird, Fähigkeiten, die eher linkshemisphärisch lokalisiert sind. Dies hat dazu geführt, dass wir das rechtshemisphärische Denken, wozu auch das intuitive, bildhafte Wissen unserer Träume gehört, gering schätzen. So genannte alte oder primitive Kulturen haben Traumbotschaften als Wegweiser benutzt. Ebenso versucht die freudsche und jungsche Psychoanalyse das Unbewusste als eine Facette des Bewusstseinsspektrums in die Persönlichkeit zu integrieren. Träume werden dabei als ein Ausdruck des Unbewussten verstanden und zu entschlüsseln versucht.

Das eben Beschriebene soll Sie, liebe Leserin, dazu anregen, sich zu fragen, wie Ihre individuellen Monatszyklen beschaffen sind, also

- welche Eigenheiten (körperliche Veränderungen, Energie und Leistungsfähigkeit) sie aufweisen,
- welche Eigenheiten variieren,
- welche sich wiederholen
- und wie Sie Ihr Leben einrichten können, um besser mit diesen Eigenheiten als gegen sie zu leben.

Insbesondere möchte ich Sie zur Selbstwahrnehmung der Rolle der Erotik (im weiteren Sinne) anregen, wie diese Ihren Alltag durchzieht: etwa in Gestalt sexueller Phantasien, von Träumen, sexuellen Empfindungen, Körperwahrnehmungen oder stimulierenden Gerüchen, Stimmen, Geschmackswahrnehmungen oder Bildern.
Schätzen Sie überdies ein, wie diese Reize Ihre sexuelle Stimmung und Ansprechbarkeit beeinflussen. Sie werden möglicherweise entdecken, dass eine höhere Aufmerksamkeit bezüglich angenehmer sexueller Stimuli Ihre Hintergrundstimmung positiver, anregender und bunter einfärben kann. Um tatsächliche sexuelle Rhythmen herauszufinden, ist es sinnvoll, einen Selbstbeobachtungsbogen über mehrere Wochen, besser noch über einige Monate hinweg durchzuführen. Beginnen Sie am besten mit dem ersten Tag der Monatsblutung.

Wenn Ihnen der Platz auf der nächsten Seite nicht ausreicht, können Sie den Selbstbeobachtungsbogen auch mit einem Kopierer vergrößern oder Ihre eigene Liste anlegen.

0 = keine
1 = kaum
2 = mäßig
3 = befriedigend
4 = gut
5 = sehr

Monats-zyklus	Körperliche Veränderungen	Energie und Leistungsfähigkeit	Erotische Gedanken, Phantasien, Empfindungen und Gefühle	Erotische Träume	Sexuelle Ansprechbarkeit
1. Tag					
2.					
3.					
4.					
5.					
6.					
7.					
8.					
9.					
10.					
11.					
12.					
13.					
14.					
15.					
16.					
17.					
18.					
19.					
20.					
21.					
22.					
23.					
24.					
25.					
26.					
27.					
28.					
29.					
30.					

Die Geschichte der eigenen Sexualität erkunden

Sexualität und Biographie

Über die problematische Seite der Sexualität zu sprechen ist für viele Frauen in der Therapie keine leichte Aufgabe. Scham, Ängste und Hemmungen stehen im Weg und müssen überwunden werden. Dies gelingt den meisten Frauen in einer vertrauensvollen Beziehung von »Frau zu Frau«. Es gibt jedoch auch Frauen, die einen männlichen Therapeuten bevorzugen, vor allem wenn sie ausgesprochenes Misstrauen oder eine Abneigung gegen Frauen aufgrund früherer negativer Erfahrungen hegen.

Schon die Art und Weise, wie eine Frau über das Thema spricht, ob langsam, leise, zögerlich, hastig, lächelnd, mit oder ohne Blickkontakt, gibt Aufschluss darüber, welche Bedeutung dieses Thema für sie hat. Häufig wechseln einander gegenläufige Impulse, wie Wortschwall und scheue Blicke oder stockendes, aber beharrliches Erzählen, ab, ein Zeichen dafür, wie eng der Wunsch sich zu öffnen mit Angst gepaart ist. Die Frage »Wie geht es Ihnen beim Erzählen?« erhellt den augenblicklichen Gefühlszustand. Fühlt sich die Klientin angestrengt, aufgehoben, ängstlich, wachsam, usw.? Und wie hängt das entsprechende Gefühl mit dem Thema zusammen?

Das Bewusstsein darüber erweitert die Einsicht in das Thema (»Ich bin ängstlich, weil ich gerade daran denken musste, wie das war, als ...«), es eröffnet eine zusätzliche Perspektive und entlastet durch das Aussprechen, schafft quasi Platz für neue aufkommende Gefühle und Gedanken. Gerade wegen des schwierigen Inhalts ist eine Atmosphäre, die Offenheit erlaubt, sehr wichtig. Selbstreflexion, »Wie fühle ich mich?«, ermöglicht überdies, innere »Störungen« zu registrieren und anzumelden, etwa Unsicherheiten per Rückfragen (»Was halten Sie davon?«) auszuräumen.

Manche Frauen brauchen Ermutigung zum Weitererzählen, andere den Hinweis, sich nicht selbst zu überfordern und dass genügend Zeit und Raum vorhanden ist.

Stimmt die Atmosphäre, ist die Grundlage geschaffen, eine Anamnese (Erhebung) der Sexualgeschichte anzusteuern. Das Gespräch kann sich an der Lebensgeschichte entlangranken, beginnend mit Kindheit, Pubertät, Adoleszenz, erstem Partner, Partnerschaft und Ehe, Schwangerschaft bis hin zum mittleren und höheren Erwachsenenalter. (Hilfreich sind manchmal auch Fragebögen, die im Voraus helfen, sich auf das Thema einzustimmen.)

In der Auseinandersetzung mit der eigenen Sexualgeschichte gibt es Vorurteile, feststehende, allgemeine Ansichten, die den Blick unnötig verkürzen und so ein entstellendes Gesamtbild hervorbringen. Deshalb möchte ich einige grundsätzliche Überlegungen voranstellen:

- Sexuelle Gefühle und Handlungen können während der gesamten Lebensspanne auftreten: Schon in den ersten Monaten beginnen Babys mit dem Spielen an den Genitalien. Bis ins hohe Alter bleibt die weibliche Erregungs- und Orgasmusfähigkeit erhalten, eine gesunde siebzigjährige Frau kann genauso intensiv empfinden wie eine Zwanzigjährige.

- Es kann nicht per se davon ausgegangen werden, dass positive oder negative Erfahrungen in der Kindheit oder Jugend für eine ge- oder misslungene Sexualität im Erwachsenenalter verantwortlich sind: Ein sexuell missbrauchtes Mädchen, dessen Eltern verständnisvoll und unterstützend mit den Folgen umgehen, muss nicht notwendigerweise in ihrem späteren Leben eine problematische Sexualität entwickeln.
- Positive, negative und Mangelerfahrungen wirken zusammen, und in diesem Wechselspiel geschieht unsere (sexuelle) Entwicklung: Mangelnde elterliche Aufklärung bezüglich der Menarche (erste Monatsblutung) und eine negative Bewertung der Sexualität in der Familie können durch wohlmeinende Lehrer und gute Freundinnen (zum Teil) wettgemacht werden.
- Sexualität ist in jeder Lebensphase störanfällig. Eine solche Erfahrung steht jedoch nicht für sich allein, sie wird immer relativiert durch vorausgehende oder nachfolgende Beziehungserfahrungen: Eine Frau, die in einer lieblosen Beziehung lebt, kann trotz vergangener positiver Partnerschaftserfahrung sexuelle Schwierigkeiten entwickeln, auch eine gute Kindheit immunisiert dagegen nicht.

Vielleicht fragen Sie sich nach diesen Ausführungen: »Warum muss man sich über so vieles Gedanken machen und auch noch darüber sprechen, wenn man doch nur ein sexuelles Problem beseitigt haben will? Gibt es nicht einfachere, wirksame Methoden, die sofort helfen können?«
Als Antwort würde ich Ihnen geben: »Sie haben Recht, wenn es sich um ein einmaliges oder seltenes Auftreten eines

einfach strukturierten Problems oder eine Wissenslücke handelt, z.B. ›Ich habe einen neuen Partner, und ich bekomme keinen Orgasmus mit ihm zusammen.‹ ›Ich muss zur Zeit immer an meine Arbeit denken, wenn wir miteinander schlafen.‹ In solchen Fällen kann eine gezielte Intervention zum Erfolg führen: Sagen Sie Ihrem neuen Partner genau, wie er Sie stimulieren soll. Erbitten Sie sich eine Auszeit, um mit Ihrem Partner darüber zu sprechen, was Sie bei der Arbeit belastet.
Handelt es sich jedoch um ein Problem, das länger andauert, häufiger auftritt und ›tiefer‹ liegt, braucht die Lösung Zeit und ein Teil der Lösung dürfte bereits im Besprechen und vertieften Erkennen der Struktur des Problems liegen. Zum besseren Verständnis, warum das Problem gerade jetzt in dieser Gestalt auftritt, hilft es, das ›Vorher‹ in all seinen positiven und negativen Facetten auszuleuchten, was zweifellos auch ängstigen kann.«

Sexualität entlang der Lebensphasen

Die Anamnese kann sich an den unterschiedlichen Lebensphasen orientieren, die ich vorab anhand von markanten Ereignissen, die für die sexuelle Entwicklung von Bedeutung sind, vorstellen möchte:

① Kindheit
Die Möglichkeit des sexuellen Erlebens ist biologisch angelegt, dennoch müssen wir lernen, unsere Sexualität zu gestalten. Es wäre jedoch missverständlich anzunehmen, Sexuali-

tät würde nur durch sexuelle Erfahrungen selbst geprägt. Vielmehr sind es gerade die nichtsexuellen Bedingungen, die den sexuellen Charakter formen, etwa die Beziehungserfahrungen mit den Eltern, Geschwistern und anderen wichtigen Bezugspersonen in den ersten Lebensjahren. Ein kleines Mädchen spürt, ob ihm die richtige Aufmerksamkeit und ein ausreichendes Maß zuteil werden. Darüber erfährt es, ob es ein liebenswertes Wesen ist, was später, bei entsprechender geistiger Reife, als gedankliches Konstrukt (»Ich bin nicht/ein bisschen/sehr liebenswert«) zu seinem Selbstwertgefühl beiträgt. Beziehungserfahrungen der schlimmsten Art sind Fälle von sexuellem Missbrauch. Zu 80 bis 90 % sind Mädchen die Opfer, während die Täter, von Ausnahmen abgesehen, männlich sind. Sexueller Missbrauch kann einmalig sein, er kann sich aber auch über Jahre hinziehen. Die Täter können das Kind auf freundliche Weise mit Geschenken zu der sexuellen Handlung zu überreden versuchen, sie können aber auch unter Todesandrohung und mit Gewalt das Kind dazu zwingen. Wie mittlerweile durch wissenschaftliche Untersuchungen bekannt wurde, rekrutieren sich die Täter überwiegend aus dem Kreis der Verwandtschaft, der Nachbarschaft oder aus dem Bekanntenkreis der Familie. Je näher der Bekanntheitsgrad des Mädchens mit dem Täter, desto schwerwiegender sind üblicherweise die psychischen Folgen, wobei die Sexualität immer auch in Mitleidenschaft gezogen wird. Die erzwungene Geheimhaltung bürdet den Mädchen Gefühle der Schuld und Scham auf, von denen sie sich nicht allein befreien können. Eine lähmende Hilflosigkeit dem Täter gegenüber zwingt sie in die »Opferrolle«, was langfristige Auswirkungen auf ihr Selbstbild hat. Zu Frauen herangewachsen, begeben sie sich, so scheint es, oft freiwillig in missbräuchliche Situationen, sind in einem hohen Maße gefühlsmäßig abhängig, lassen sich schlagen und sexuell ausbeuten, ohne ein klares Gefühl dafür zu haben, welche Rechte sie haben. Dies passiert insbesondere dann, wenn das Mädchen mit dem Täter, möglicherweise dem Vater, Stiefvater, Bruder oder Großvater, eng gefühlsmäßig verstrickt war und er ihr »gute« Gründe für sein Verhalten nahe legte (»Deine Mutter ist krank, will mich nicht mehr« usw.). Wenn dann im Falle der Aufdeckung dem Mädchen nicht geglaubt wird, ihre Erlebnisse bagatellisiert werden oder ihr die Schuld selbst zugeschrieben wird, kommt es zu einer Folgetraumatisierung. Das Mädchen wird in seinem Vertrauen in andere Menschen und in die Welt erschüttert, es ist fortan tief verunsichert und von der Ungerechtigkeit der Welt überzeugt.

Für die Entwicklung zu einer seelisch gesunden Frau ist es ebenfalls sehr bedeutsam, ob die Eltern, insbesondere die Mutter, das Geschlecht der Tochter akzeptieren. Lehnt die Mutter ihr eigenes Frausein ab, wird sie ihre Geringschätzung auch an die Tochter weitergeben. Dies muss sich nicht in offensichtlicher Vernachlässigung äußern, seltenere, grobe Berührungen, weniger Ansprache, weniger Lächeln, längeres Schreienlassen sind nur einige, fast unsichtbare Hinweise darauf. Oft genug ist einer Mutter ihre Selbstablehnung nur in Teilen bewusst, sodass sich Geringschätzung eher unbemerkt und unbeabsichtigt an die nächste Töchtergeneration »weitervererbt«. Selbstverständlich spielt auch die Haltung des Vaters eine wichtige Rolle. Hier gilt ebenso, dass nicht nur die nach außen demonstrierte Haltung der Tochter gegenüber selbstwertprägend wirkt. Vielmehr kommt es darauf an, ob der Vater seine eigene Rolle kritisch reflektiert hat und ob er einen bewussten Umgang mit männertypischen Themen wie Umgang mit Macht lebt.

Schließlich muss eine lebenstüchtige Tochter Durchsetzungsvermögen, die Fähigkeit zur Selbstbestimmung und Einmischung usw. erwerben, Gebiete, auf denen die Männer bisher einen Vorsprung hatten, was aber mit dem Heranwachsen »starker« Töchter das Kräfteverhältnis zwischen den Geschlechtern weiterhin zugunsten der Frauen verschieben könnte. Väter mögen vielleicht starke Töchter, aber wollen sie auch starke Frauen als Ehepartnerinnen, Arbeitskolleginnen, Vorgesetzte?

In Erhebungen antworten trotz Aufwertung der weiblichen Rolle in den letzten Jahrzehnten immer noch viele Mädchen, dass sie lieber ein Junge als ein Mädchen wären. Umgekehrt möchten nur wenige Jungen mit einem Mädchen tauschen. Dies scheint mir ein relativ ehrlicher Maßstab für die realistische Einschätzung der Geschlechtsrollen zu sein.

Selbstbefriedigung und »Doktorspiele« finden häufig in einer späteren Zeit statt, die der Erinnerung leicht zugänglich ist. Während beides früher einer strengen Bestrafung, gepaart mit Schuld- und Schamgefühlen sowie einer fortdauernden Gewissenspein, unterlag, hat sich heute die Sexualmoral bei vielen Menschen gelockert. Interessant ist, dass nahezu alle Jungen bis zur Pubertät Selbstbefriedigung als Quelle der Lust entdeckt haben. Nicht so die Mädchen. Nicht mal 25 % der Mädchen haben bis zur Pubertät Erfahrungen mit Selbstbefriedigung gemacht, wobei Mädchen eher indirekte Arten der Lust erleben, indem sie mit einem Wasserstrahl die Klitoris stimulieren oder sich an etwas reiben, und dies nicht als aktive, selbstbestimmte Form der Lust definieren, sondern als etwas, das mit ihnen geschieht. Offensichtlich erhalten Mädchen schon sehr früh indirekte Botschaften, die eine unbeschwerte Entdeckung ihres Körpers und der damit verbundenen Lustquellen unterbinden oder gar nicht erst entstehen lassen. Diese Botschaften können von ausgesprochenen Verboten (»Das ist pfui«) bis über subtilere, nonverbale Zeichen wie Naserümpfen, Augenverdrehen oder Mundwinkelhochziehen reichen. Oder sexuelle Gefühle und Handlungen eines Mädchens können übersehen werden, ohne Resonanz, ohne elterliches Echo bleiben, ins Leere laufen. Vielleicht ist Letzteres eher eine »moderne« Form des Umgangs mit kindlicher Sexualität – dem Kind nichts zu verbieten, sondern sich aus Unsicherheit über den eigenen Standpunkt einer Reaktion zu enthalten. Das »Übersehen« und Nicht-darüber-Sprechen hinterlässt jedoch »Lücken«. Da, wo elterliche Worte ungesagt bleiben (»Ich sehe, dass du dich berührst. Das ist sicher ein schönes Gefühl ... Das ist etwas ganz Privates, das dir alleine gehört. Das solltest du machen, wenn du allein bist.«), bleibt das Mädchen allein mit seiner Handlung und seinen Gefühlen, es lernt, dass dieser Impuls nicht wert ist, gesehen und benannt zu werden. Und was nicht gesehen und wertgeschätzt wird, kann nicht gut wachsen und gedeihen.

Solche »Leerstellen« in der Biographie aufzuspüren ist schwierig und verlangt oft die geschulte Empathie einer Therapeutin oder eines Therapeuten.

Viele Frauen erinnern sich rückblickend daran, Doktorspiele mit anderen Kindern ausprobiert zu haben. Im Mittelpunkt stehen meistens Handlungen des Zeigens und Schauens. Manche wollten auch berühren oder berührt werden oder ausprobieren, ob man etwas in die Scheide schieben kann. Nach dem, was bereits über die sexuelle Entwicklung von Mädchen gesagt wurde, scheint es mir wichtig, Eltern und besonders Mütter darauf aufmerksam zu machen, den eigenen Töchtern das Recht auf Selbstbestimmung deutlich zu machen (»Du musst dich von keinem berühren lassen, wenn du es nicht magst. Keiner hat dieses Recht!«). Diese Worte aus dem Munde einer Mutter wirken anders als dieselben Worte aus dem Munde des Vaters: Die Tochter erfährt, dass die Mutter diese »Haltung« als Frau verkörpert, sie nimmt in ihr gleichzeitig ein nachahmenswertes Vorbild wahr.

Die Aufklärung ist ein bedeutsamer Schritt auf dem Weg vom Kindsein zum Erwachsenwerden. Aufklärung vollzieht sich in der Regel nicht durch den einmaligen Akt eines Gesprächs zwischen Mädchen und Mutter oder Eltern, wie das Wort suggerieren mag. Vielmehr sammelt das Mädchen im Laufe der Zeit Informationen durch Zuhören, Zusehen, durch Gespräche und Medien. Die Gesprächsbereitschaft der Eltern signalisiert dem Mädchen, ob es mit seiner Neugier und seinem Interesse »landen« kann. Je nach Wissensstand und Einstellung werden bestimmte Aspekte, meist unbeabsichtigt und unbewusst, hervorgehoben oder unerwähnt gelassen.

Erwachsene Frauen berichten häufig, Sexualität – wenn überhaupt – als etwas Unangenehmes, Schreckliches oder gar Gefährliches vermittelt bekommen zu haben. Eher selten berichten Frauen, dass ihnen die Mütter Sexualität als etwas Schönes und Angenehmes nahe gebracht haben. Dabei wäre gerade eine differenzierte Darstellung von großer Wichtigkeit: Sexualität ist schön, hat aber auch schwierige, zum Teil unangenehme Seiten. Sexualität ist auch, aber nicht nur, gefährlich, meistens aber ungefährlich. Vereinfachende Darstellungen verkürzen zwar die vielleicht unangenehme und schwierige Gesprächssituation, vermitteln aber Denkschablonen, die der Wirklichkeit so nicht gerecht werden.

Die Gefahr einer einseitigen, verkürzten und damit entstellenden Darbietung zeigt sich auch bei Unterrichtsmaterial, wie es für deutsche Schulen gebräuchlich ist. In einer wissenschaftlichen Untersuchung stieß man auf folgende Mängel: Sexualität wird aus männlicher Sicht definiert, indem das Steifwerden des Penis, der Geschlechtsverkehr und der Samenerguss als allgemein gültiger Ablauf angenommen werden. Das Vorhandensein der Klitoris bleibt unerwähnt. Gewalt als ein negativer Bestandteil, von der überwiegend Mädchen und Frauen betroffen sind, wird ausgeblendet.

Unsichere Eltern können also die Sexualerziehung ihrer Töchter nicht beruhigt der Schule überlassen. Im Gegenteil, statt ein für Mädchen und Jungen selbstwertstützendes, aber auch kritisches Bild zu vermitteln, werden Mädchen mit traditionellen Rollenklischees konfrontiert, die ein fremdbestimmtes, abhängiges Denken hinsichtlich ihrer Sexualität fördern.

② Pubertät

Ein Mädchen tritt dann in die Pubertät ein, wenn die Menarche, die erste Regelblutung, erfolgt. In unseren Breiten kommt es inzwischen früher zur ersten Monatsblutung, was vor allem auf eine bessere Qualität der Nahrung zurückzuführen ist. Die Pubertät markiert durch weitere körperliche Veränderungen wie Achsel- und Schambehaarung, Rundung der Hüften und Brüste den Beginn des Frauseins, ob ein Mädchen sich seelisch dazu bereit fühlt oder nicht. Dies bedeutet, dass Mädchen heute zu einem früheren Zeitpunkt den Beginn des Frauseins erleben, mit all den damit verbundenen widersprüchlichen Zuschreibungen und Erwartungen. Das ist nicht nur eine große Herausforderung, sondern stellt oft eine Überforderung dar. Die Menstruation selbst ist mit ambivalenten Gefühlen verknüpft, mit Ablehnung der Blutung und den damit einhergehenden Einschränkungen, aber auch bei vielen Mädchen mit dem Stolz, »es jetzt auch zu haben«. Mit dem Eintritt der Menarche, als »Übergang« von einem Stadium ins nächste, von der Kindheit in die Welt der Frauen, konzentriert sich das bis dato erlebte Bild von Frauen auf die eigene Person. Dieses Bild wird wie ein Kleid übergestreift, auf seine Passform geprüft, die Wirkung vor dem inneren Spiegel ausprobiert. Es wird vielleicht für zu groß, zu eng oder als passend, als schön empfunden, wobei der innere Spiegel die Stimmen bedeutungsvoller Bezugspersonen repräsentiert, die das Mädchen bis dahin auf seinem Weg begleitet haben. Nach Aussagen von Klientinnen tauchen häufig Gefühle des Alleingelassenwerdens, der Scham und des Ekels vor dem Blut auf. Den Müttern kommt als Begleiterinnen an dieser Schwelle eine wichtige Funktion zu, bei der sie oft genug versagen, indem sie sich gleichgültig oder abweisend verhalten, entweder aus Hilflosigkeit oder weil sie diesen Aspekt des Frauseins ablehnen. Natürlich gibt es viele Gründe, die dieses Verhalten entschuldigen, wie u.a. das Fehlen hilfreicher Rituale, dennoch bleibt, dass nur Frauen, und in diesem Falle in der Regel die Mütter, sich dieser Aufgabe verantwortlich und bewusst stellen können. – Warum nicht der Tochter ein kleines Geschenk überreichen? – Ihr eine verbale Anerkennung zukommen lassen (»Wie stolz ich auf dich bin!«). – Ihr weibliche Solidarität zusichern (»Frausein ist vielleicht nicht das Leichteste, aber wir lassen uns nicht unterkriegen.«)! Ein »Paket« an Selbstbewusstsein für den weiteren Weg, der noch viele Konfrontationen mit sich bringt, wie jede Frau aus Erfahrung weiß, kann nur nützlich sein. Dies betrifft auch die Entwicklung und Ausprägung der weiblichen Körperformen, die das Mädchen zum Objekt männlicher Begierde werden lassen. Es ist eine sehr schmeichelhafte Erfahrung einerseits, öffentlich Bewunderung erregen zu können, andererseits lassen die Blicke und Bemerkungen das Mädchen ahnen, dass sie nicht der ganzen Person gelten, sondern sie auf ihre weiblichen Attribute, die sexuelle Bedürfnisbefriedigung versprechen, reduzieren. Ebenso erfährt das Mädchen jetzt auch Anerkennung von Männern auf Arten und Weisen (Hinterherpfeifen, ausziehende Blicke, Begrabschen usw.), die es ablehnt, ohne zu wissen, wie es sich dagegen wehren kann, denn da funktioniert angepasstes, braves Verhalten nicht, sondern birgt sogar die Gefahr, in Gewalthandlungen verstrickt zu werden. Macht- und Ohnmachterfahrungen liegen hier eng beisammen.

Der Bestätigung des Attraktivseins wohnt die Gefahr der Verführung inne: Um weiterhin oder noch mehr oder überhaupt männliche Anerkennung zu erhalten und seine Identität als junge »Frau« zu sichern, gerät der Körper unter das Joch der Schönheitsideale. Die eigentliche Natur, das Sosein geraten ins Hintertreffen, werden unsichtbar, verschwinden ganz. Eine magersüchtige Klientin beklagte in einem Therapiegespräch, dass sie eigentlich nicht wisse, wer sie sei. Zwar hätte sie vieles unter Kontrolle (Essen, Schule, ihren Freund), aber sie könne nicht mehr spüren, was sie wolle und was ihr gut tue. Dies ist sicherlich eine extreme Form, sich selbst zu verlieren, aber durchaus nicht ungewöhnlich.

Die körperliche Verwandlung geht mit einer Wandlung der Gefühlswelt einher: Die Gefühle sind in ihrer Intensität heftiger, widerstreitender, schwankender und unberechenbarer. Neue Gefühlsqualitäten wie Verliebtsein und Sehnsucht treten in den Vordergrund. Mädchen müssen lernen, extreme Regungen wie himmelhochjauchzendes Schwärmen und abgrundtiefe Traurigkeit auszuhalten. Andere Lebensbereiche treten hinter das geheime Objekt der Sehnsüchte zurück. Die Mädchen scheinen nicht mehr ansprechbar zu sein, wie auf einem anderen Stern zu wandeln, nichts mehr scheint sie zu berühren. Was real (noch) nicht lebbar ist, wird probehalber in der Phantasiewelt oder im Verbund mit der besten Freundin ausgesponnen. Einst selbstwertfördernde oder -mindernde Kriterien (Noten, Sport usw.) werden jetzt um die Dimension der äußeren Attraktivität erweitert, die »Karten« hinsichtlich der Frage »Wer bin ich und wie werde ich gesehen?« werden neu gemischt. Schwärmereien für denVater, Lehrer, Pfarrer usw. (oder für Frauen) unterliegen der Gefahr, missverstanden zu werden. Sie sind von dem Wunsch genährt, sich Jungen und Männer, Mädchen oder Frauen als tolle Liebespartner vorstellen zu dürfen, und es geht darum, die Freiheit der Gefühle selbst auskundschaften und ihre Begrenzungen erleben zu dürfen. Männer, die den Idealisierungen erliegen und die Gelegenheit »beim Schopfe packen wollen«, verkennen die wirkliche Absicht, denn es geht nicht um Realisierung, sondern um Idealisierung.

③ Adoleszenz

Die Zeit der Adoleszenz, beginnend mit ca. 16 bis 18 Jahren, ist für viele Jugendliche turbulent. Neue Entwicklungsaufgaben wie schulische oder berufliche Weichenstellungen, Ablösung vom Elternhaus, vermehrte Verselbständigung, Klären der sexuellen Orientierung, erste Beziehungserfahrungen, Beginn einer partnerbezogenen Sexualität, Auseinandersetzung mit Identitäts- und Sinnfragen und vieles andere mehr stellen große Herausforderungen dar. Überdies stehen die ersten sexuellen Erfahrungen unter dem Zeichen von Aids (1981 erstmals diagnostiziert), das durch ungeschützten Geschlechtsverkehr übertragen werden kann. Bei

Vaginalverkehr sind Frauen gefährdeter als Männer, während der Menstruation erhöht sich das Risiko nochmals, außerdem ist auch das Infektionsrisiko infolge des geschwächten Immunsystems in der Schwangerschaft vergrößert. Zwar ist den meisten Jugendlichen die schützende Wirkung von Kondomen bekannt, jedoch benutzen ein Drittel von ihnen nie Kondome. Die Gründe hierfür dürften – wie bei Erwachsenen auch – in Selbstüberwindungs- und Durchsetzungsschwierigkeiten liegen. Vor diesem komplexen, häufig konfliktbeladenen Hintergrund finden sexuelle Erfahrungen von Jugendlichen mit sich selbst und mit anderen statt.
Zwar gehören die Zeiten der Doppelmoral, in denen Jungen sexuelle Erfahrungen vorehelich mit Frauen sammeln durften, während Mädchen sich ihre Jungfräulichkeit bewahren mussten, zumindest in Mitteleuropa der Vergangenheit an. Dennoch gibt es deutliche Unterschiede in der Sexualität zwischen Jungen und Mädchen. Selbstbefriedigung gilt offensichtlich immer noch als Tabu unter Mädchen und Frauen, betrachtet man die statistischen Angaben. Während nahezu alle Männer damit vertraut sind, haben höchstens gut die Hälfte der Frauen damit experimentiert. Im Alter von ca. 16 Jahren, so weiß man aus neueren Untersuchungen, hat jedes vierte Mädchen mit Selbstbefriedigung Erfahrungen gesammelt, sodass man eine steigende Tendenz annehmen kann. Diese Tatsache ist deshalb von großer Bedeutung, weil ein Mädchen durch Selbstbefriedigung viele Lernerfahrungen macht: was ihr gefällt, was ihr nicht gefällt, wie sie am besten zu einem Höhepunkt kommt usw. Sie kann mit einem höheren Selbstbewusstsein ihre erste Liebesbeziehung aufnehmen als ein Mädchen, das davon abhängig ist, dass der Freund ihr zeigt, »wie es geht«.

Die überwiegende Zahl der Mädchen wünscht sich Sexualität mit einem Partner, den sie lieben, die meisten Mädchen halten Treue in der Liebesbeziehung für ein unbedingtes »Muss« (ebenso die Jungen, wenn auch in etwas geringerer Anzahl). »Den ersten Schritt« zu einer Beziehung, durch Ansprechen, übernehmen vorwiegend die Jungen, die Mädchen jedoch bereiten ihn aktiv durch Flirten mit vor. Flirten und Küssen werden meistens als ein angenehmes Erlebnis beschrieben. Mit 17 Jahren haben die meisten Mädchen Pettingerfahrung, mit 18 Jahren den ersten Geschlechtsverkehr. Der wichtigste Grund für »das erste Mal« ist die Liebe. Dennoch erleben viele das erste Mal als sexuell unbefriedigend, nur wenige haben Spaß dabei. Dies ändert sich mit zunehmender Erfahrung. Während mit 15 Jahren nur ca. ein Viertel aller Mädchen einen Orgasmus kennt, steigt die Zahl derer, die einen Orgasmus kennen, mit zunehmendem Alter kontinuierlich an. (Allerdings erleben 10 bis 26 % der Frauen, wie bereits erwähnt, nie einen Orgasmus.)
Nicht alle Mädchen leben ihre Sexualität. Etwas mehr als ein Drittel der 16- bis 17-Jährigen lebt laut einer Untersuchung über ein Jahr hinweg ohne partnerschaftliche Sexualität, etwas weniger als ein Drittel gänzlich ohne. Vergleichsprozesse (wer hat einen Freund, wer hat schon mal, wer ist wie attraktiv und wo stehe ich dabei?) spielen bei diesem häufig schmerzlichen Prozess des Ringens um weibliche und sexuelle Identität eine wichtige Rolle.

④ Partnerschaft

Bis in dieses Jahrhundert hinein stellten sich Frauen nicht die Frage nach dem richtigen Lebensentwurf, Heiraten war eine Selbstverständlichkeit. In den letzten Jahrzehnten haben sich neben der Ehe eine Reihe sozial akzeptierter Beziehungsfor-

men herausgebildet: Zusammenleben ohne Trauschein, getrennt wohnende Paare, Singles, Alleinerziehende und »Patchworkfamilien«. Neuerdings wurde die Ehe für schwule Männer und lesbische Frauen im Stadtstaat Hamburg – wenn auch nicht bundesweit – legalisiert, etwas, das in anderen europäischen Ländern bereits verwirklicht ist.
Für die überwiegende Zahl der ehelichen Gemeinschaften gilt nach wie vor die traditionelle Rollenverteilung, die Frau ist für Haushalt und Kinder verantwortlich, der Mann verdient das Geld. Danach folgt das Modell der Frau mit Doppelbelastung, die als Teilzeitkraft oder voll arbeitet und zusätzlich Kinder und Haushalt versorgt, wobei die Berufstätigkeit von Frauen, insbesondere die Halbtagstätigkeit, sozial gering geschätzt wird. Die verschiedenen Rollen als Mutter, Hausfrau, Partnerin, Individuum und Arbeitende unter einen Hut zu bringen erfordert große Anstrengungen. Dabei noch die sexuelle Lust zu pflegen überfordert viele Frauen. Nicht nur, weil sie nicht wissen, wie sie das tun könnten, sondern weil weder Energie noch Raum vorhanden sind.
In jungen Ehen wie auch in jungen nichtehelichen Partnerschaften hat Sexualität eine große Bedeutung. In den ersten zwei Ehejahren schlafen die Ehepartner – rein statistisch gesehen – am häufigsten miteinander, zwei- bis dreimal wöchentlich, in den nachfolgenden Jahren nimmt die Häufigkeit kontinuierlich ab. Interessant ist, dass offensichtlich die Männer den Verlauf und die Häufigkeit des Sexualverkehrs bestimmen und sich die Frauen verführen lassen oder anpassen. Ein Grund ist darin zu sehen, dass Männer in jungen Ehejahren, in denen sie auch aufgrund ihres jüngeren Alters biologisch »potenter« sind, sexuell interessierter sind. Die meisten Frauen haben in jungen Ehejahren Freude an der Sexualität.

In diese Lebensphase fallen die Ereignisse von Schwangerschaft, Geburt und Stillen. Frauen müssen zuerst das sich verändernde Körperbild mit der fortschreitenden Schwangerschaft integrieren und das alte Selbstbild als relativ unabhängige Frau mit der auf sie zukommenden Verantwortung und Abhängigkeit in der neuen Mutterrolle in Einklang bringen. Säuglings- und Babyzeit verändern die Partnerschaft durch die neu hinzugekommenen Belastungen erheblich. Sind noch weitere Kinder da, potenzieren sich die Belastungen vorübergehend. Wissenschaftliche Untersuchungen haben ergeben, dass die Geburt eines Kindes und das erste Jahr danach oftmals mit einer Krisensituation für die Partnerschaft einhergehen. Die gegenseitige Zuwendung ist durch die notwendige Aufmerksamkeit auf das Kind, die Mehrarbeit und die Erschöpfung erheblich reduziert. Drei Monate nach der Geburt nehmen die meisten Frauen das Sexualleben wieder auf, jedoch in geringerem Maße. Besonders die Männer scheinen unter der eingeschränkten Sexualität zu leiden.

Als letzten Aspekt dieser Lebensphase möchte ich auf die eheliche Gewalt eingehen, die häufiger auftritt, als man gemeinhin annimmt: In einer Untersuchung berichten 3 % der Ehefrauen, von ihrem Ehemann bereits vergewaltigt worden zu sein, 10 % nennen andere Gewaltformen, 45 % kennen es, Sexualität unter Druck ausüben zu müssen. Die Auswirkungen sind leicht vorstellbar: Abneigung, Ablehnung, Verdammung bis hin zur Zerstörung jeglichen Interesses am Partner sind die Folgen.

⑤ Mittleres und höheres Erwachsenenalter

Die überwiegende Zahl der Frauen tritt zwischen dem 45. Und 52. Lebensjahr in die Wechseljahre, auch Menopause

genannt, ein, womit die Zeit der natürlichen Fruchtbarkeit endet. Während die einen es begrüßen, sich nicht mehr mit Verhütung und der Monatsblutung beschäftigen zu müssen, betrauern andere Frauen das Ende der Gebärfähigkeit. Die Wechseljahre wurden immer wieder zu einem »Mythos« hochstilisiert, zum Teil sogar als Krankheit betrachtet, jedenfalls als kritische Lebensphase, die die Identität der Frau angreift. Befragungen unter betroffenen Frauen selbst haben ein anderes Bild ergeben: Die Wechseljahre werden als nicht sehr bedeutsam wahrgenommen. Andere Lebensereignisse wie Verwitwung, Auszug der Kinder, Neudefinition der Partnerschaft, Erkrankungen usw. haben einen höheren Stellenwert. Damit verknüpft sind auch die Frage des Älterwerdens, des näher rückenden Todes und der Gestaltung des letzten Lebensdrittels. Frauen mit starken Wechseljahresbeschwerden (Depressionen, Hitzewallungen, Schlafstörungen, Gelenk- und Rückenschmerzen usw.) erleben selbstverständlich diesen Übergang als eindrücklicher und belastender. Die Beschwerden sind jedoch nicht nur als rein organische Beschwerden zu deuten, sondern sie müssen im Kontext des Lebensganzen, also mit den bereits vollzogenen und noch zu erwartenden Veränderungen betrachtet werden.
Die Sexualität betreffende Veränderungen treten durch hormonelle Umstellungen ein. Die Scheidenflüssigkeit tritt langsamer und in einer geringeren Menge aus, eine Folge der dünneren Haut, was zu Schmerzen beim Geschlechtsverkehr führen kann. Gleit- oder Östrogencremes können hierbei helfen. Während manche Frauen eine Abnahme des sexuellen Interesses feststellen, erleben andere keine Veränderung oder berichten über einen Anstieg. Es lässt sich also keine einheitliche Tendenz konstatieren. Vielmehr dürften

die Beziehungssituation und die persönliche Bedürfnislage ausschlaggebend sein: So nehmen z.B. manche Frauen die Wechseljahre »zum Anlass«, um damit dem Partner gegenüber ihren Ausstieg aus der Sexualität zu begründen.
Ehefrauen in höherem Lebensalter und in langjährigen Partnerschaften beenden überwiegend mit Anfang 60 den Geschlechtsverkehr, mit 70 Jahren praktiziert ihn noch ca. ein Drittel, mit 80 Jahren so gut wie keine Frau mehr. Mit dem Erliegen des Geschlechtsverkehrs geht auch das Erliegen anderer sexueller Aktivitäten, in der Regel auch des Körperkontakts, einher.
Für Frauen verliert die Sexualität im Gegensatz zu Männern langsamer an Bedeutung, auch wenn in früheren Jahren die Männer die sexuell Interessierteren waren. Auf die Tatsache, dass die sexuellen Fähigkeiten der Männer früher abnehmen als die der Frauen, sind viele ältere Paare nicht recht vorbereitet bzw. tun sich schwer, damit offen umzugehen. Da sich die Frauen in der Regel immer noch darauf verlassen, dass die Partner den Anfang machen, kommen sexuelle Aktivitäten oft aufgrund eines unausgesprochenen Missverständnisses nicht mehr zustande: Männer vermeiden es, den Anlauf zu machen, um keine »Schlappen« hinnehmen zu müssen, Frauen, um der Möglichkeit einer Kränkung aus dem Weg zu gehen und irrtümlicherweise ihre abgenommene Attraktivität verantwortlich machen zu müssen. Da Körperkontakt früher in der Beziehung eng mit sexuellem Verhalten verknüpft war, wird auch dieser aus dem unverarbeiteten Schmerz über den Verlust von Sexualität und Intimität heraus vermieden. Eine doppelte Trauer belastet die Partnerschaft.
Neben den alten Ehen gibt es natürlich noch eine ganze Reihe anderer Lebensformen. Frauen können – eher selten – nochmals spät heiraten, sie können mit einem Mann be-

freundet sein (möglicherweise mit ihm zusammenleben), sie können sich für das Singledasein mit oder ohne sexuelle Affären entscheiden. Ältere Frauen kommen aufgrund des Männermangels häufiger in die Rolle der betrogenen Ehefrau und der Geliebten, während Männer öfter zwei parallel laufende Beziehungen unterhalten. Die schmerzliche Erfahrung, die Rolle der betrogenen Ehefrau in höherem Alter zu übernehmen, geht mit Mehrfachkränkungen einher, die in große Lebenskrisen münden können. Die Geliebten sind oft jünger und körperlich attraktiver, aufgrund des Männerdefizits (in der Gruppe der 60- bis 69-Jährigen kommen auf zwei Männer drei Frauen) ist ein neuer Partner relativ schwer zu finden. Dies führt häufig in eine unfreiwillige Lebenssituation als Single, oft auch in die Einsamkeit, wenn die erwachsenen Kinder ausgezogen sind. Die Verwitwung als ein weiterer Grund beendet für viele Frauen nicht nur das Paarleben, sondern auch die Sexualität.

Dem Panorama der Sexualgeschichte auf der Spur

Lesen bedeutet, sich auf den geschriebenen Inhalt zu konzentrieren. Nebenbei, ganz wie von selbst, verarbeiten wir die Informationen, indem wir wie in einem inneren Dialog das Gelesene kommentieren (»Das ist richtig, das sehe ich auch so.« »Da bin ich aber anderer Meinung.«), es ergänzen (»Mir erscheint aber noch der Aspekt wichtig, dass ...«) und relativieren (»Das finde ich auch, aber mehr, weil ...«). Die

Informationsverarbeitung geschieht in erster Linie gedanklich, rational. Dabei laufen aber auch emotionale Prozesse ab, denn der Inhalt berührt uns: Manche Inhalte erregen uns, indem sie neue, überraschende Aspekte hinzufügen, andere sind ärgerlich oder langweilig. Selbst auf körperlicher Ebene spiegeln sich die Reaktionen wider. Das Atemmuster verlangsamt oder beschleunigt sich, der Blutdruck steigt oder fällt, die Herztätigkeit wird angeregt oder vermindert, um nur einige Symptome zu erwähnen. Je nach Persönlichkeitstyp neigen wir zu einer abstrakten, analytischen Form der Informationsverarbeitung, die sich eher linkshemisphärisch, also in der linken Gehirnhälfte, abspielt, oder wir verknüpfen die Informationen eher ganzheitlich, intuitiv und assoziativ, was eher rechtshemisphärisch zu lokalisieren ist.

Während Sie das Kapitel *Sexualität und Biographie* gelesen haben, davon kann man ausgehen, haben Sie nicht nur die Inhalte aufgenommen, sondern das Gelesene hat bei jeder Leserin Assoziationsketten und Erinnerungen in Form von Bildern, Szenen, ja ganzen Geschichten hervorgerufen. Dabei sind manche Schlüsselbegriffe subjektiv bedeutungsvoller als andere. »Scham und Schuldgefühle« mag für die eine Frau vielleicht ein großes Thema sein, für eine andere ist es das »erste sexuelle Erlebnis« oder »Erfahrungen mit Untreue« usw.

Das Thema »Sexualität und Biographie« führt über den Weg der Wissensvermittlung zu Ihrer eigenen Geschichte und stimmt Sie auf diese ein. Dabei wollen wir jedoch nicht stehen bleiben, und ich schlage Ihnen zur Vertiefung vier weitere Schritte vor, die Sie entweder für sich alleine ausprobieren können, vielleicht auch in Begleitung Ihres Partners oder einer Freundin, oder als einen Selbsterfahrungsbaustein im Rahmen Ihrer Therapie:

① Phantasiereise zur Sexualgeschichte.

② Malen Sie das Vorgestellte.

③ Werten Sie es aus.

④ Schreiben Sie es auf.

Einige Hinweise im Voraus: Sie können diese Übungen in »einem Rutsch« oder Schritt für Schritt je nach Zeit und Stimmung durchführen. Ersteres Vorgehen hat den Vorteil, dass sich Ihr ganzes Denken und Fühlen darauf konzentrieren kann und der »innere Faden« gewahrt bleibt. Nachteilig können sich vielleicht die Fülle der Informationen und die Dichte der emotionalen Beteiligung auswirken, die Sie dann verdauen müssen. Beim schrittweisen Vorgehen ist es vielleicht schwierig, sich ein zweites und drittes Mal zu motivieren, dafür haben Sie aber die Gelegenheit, die Intensität der Wirkung besser steuern zu können.
Den Text der Phantasiereise können Sie entweder auf Kassette aufnehmen und dann abspielen oder Sie lesen sich, was viel einfacher ist, den Text gut durch und geben sich nach und nach leise die Anweisungen.

❶ Phantasiereise zur Sexualgeschichte
Setzen oder legen Sie sich entspannt hin und nehmen Sie eine angenehme Haltung ein. Spannen Sie dann die Fußmuskulatur an, lassen Sie sie wieder los und fahren Sie dann in gleicher Weise fort, indem Sie nacheinander Bein-, Gesäß-, Bauch-, Brust-, Schulter-, Hand-, Arm-, Hals- und Gesichtsmuskulatur anspannen und wieder entspannen. Atmen Sie beim Anspannen ein und beim Entspannen aus. Wenn Sie alle Körperteile entspannt haben, überlassen Sie sich für eine Weile dem Fluss des Atems und atmen Sie tief ein und aus.

Wenn Empfindungen, Gefühle, Bilder aufkommen, so lassen Sie diese an sich vorüberziehen.
Versuchen Sie nun in Gedanken, sexuelle Erlebnisse zu erinnern. Gehen Sie vom heutigen Tag aus, spüren Sie Ihrer Zufriedenheit und Unzufriedenheit in Ihrer Sexualität nach.
Wandern Sie anschließend in Gedanken Jahr für Jahr oder lebensabschnittsweise (seit ich verheiratet bin, seit ich von den Eltern ausgezogen bin ...) in die Vergangenheit zurück. Vergessen Sie Ihre Kindheit nicht, auch wenn Sie sich nicht direkt erinnern können, und füllen Sie diese mit Phantasie aus.

Lassen Sie sich für diese Übung 10 bis 20 Minuten Zeit. Stellen Sie sich, wenn Sie die Übung allein machen, eventuell einen Wecker, wenn Sie befürchten, Sie könnten einschlafen oder sich in Ihren Erinnerungen verlieren.

❷ Malen Sie das Vorgestellte
Zum Malen brauchen Sie einen großflächigen Papierbogen, am besten eine Tapetenrolle. Legen Sie sich im Voraus Wachsmalstifte oder Wasserfarben bereit. Sorgen Sie dafür, dass Sie ungestört arbeiten können. Für das Malen können Sie 30 bis 60 Minuten veranschlagen. Denken Sie daran, Sie sind nicht in der Schule und Sie bekommen keine Note! Es geht einzig und allein darum, dass Sie sich die Zeit nehmen, die Sie brauchen. Der innere Prozess des Nachspürens und Nachdenkens ist viel wichtiger, als das Bild möglichst schnell oder schön oder perfekt zu beenden. Dabei können Sie, ganz wie es Ihre Art ist, figürlich, abstrakt oder in Symbolen

malen, Sie können auch Schriftzeichen benutzen. Beginnen Sie damit, dass Sie sich eine Farbe auswählen, die Sie anspricht, und malen Sie »drauflos«.

Jetzt haben Sie Ihr Bild gemalt und es liegt vor Ihnen. Lassen Sie es erst einmal auf sich wirken.

❸ Werten Sie es aus

Beschäftigen Sie sich anschließend bei der Auswertung, wenn Sie mögen, mit den nachfolgenden Fragen. Sie dienen nur der Anregung und sollen nicht wie in der Schule so verstanden werden, dass Sie sie nun alle nacheinander abarbeiten müssen. Fühlen Sie sich auch frei, Ihren eigenen Assoziationen zu folgen:

- Wie erging es mir während des Malens? Was hat mir Freude bereitet? Was war mir unangenehm, was hat mich geängstigt, bedrückt, was empfand ich als schrecklich?
- Wie ergeht es mir jetzt, wenn ich mein Bild betrachte? Bin ich überrascht, zufrieden, froh, stolz, unzufrieden, unglücklich, bedrückt, erschreckt usw.?
- Was spricht mich am meisten an? Was am wenigsten?
- Welche Farben habe ich warum gewählt? Was drücken sie aus?
- Wie habe ich den Platz verteilt? Was nimmt viel, was wenig Raum ein, was nimmt eine zentrale Position ein, was ist randständig?
- Welche Abschnitte meiner Sexualgeschichte habe ich dargestellt, welche weggelassen?

Im Nachhinein stellen Sie vielleicht fest, dass Sie einiges von dem, was Sie gemalt haben, nicht oder nur teilweise verstehen bzw. dass Sie es noch genauer verstehen möchten. Vielleicht fällt Ihnen auch auf, was Sie vergessen haben.

Zur Vertiefung können Sie folgende Techniken einsetzen:
- Malen Sie Ausschnitte, als ob diese unter einem Vergrößerungsglas lägen.
- Verleihen Sie Ihren Farbklecksen, Symbolen, Figuren eine Stimme. Was würden sie sagen, wenn sie könnten?
- Malen Sie einen Ausschnitt aus der Perspektive einer Ihnen wichtigen Person.

❹ Schreiben Sie es auf
Während Sie beim Malen in Ihr Tun auf eine eher emotionale, intuitive Art involviert und bei der Auswertung Ihre rationalen, analytischen Fähigkeiten gefragt waren, verlangt der nächste Schritt – tagebuchartig niederzuschreiben, was Sie gemalt und darüber gedacht haben – von Ihnen eine weitere Distanzierung. Sie rücken – indem Sie das Gemalte in Worte fassen – innerlich noch weiter von Ihrer Bildbetrachtung weg und erfassen jetzt mit »anderen Augen« und einem »kühlen Kopf« die Bedeutung Ihres Bildes. Bei diesem inneren Standortwechsel beschäftigen Sie sich zwar immer noch mit ein und demselben Gegenstand. Dennoch empfinden, sehen und interpretieren Sie das Ganze auf eine andere Art und Weise, denn die Schriftform fordert uns geradezu

auf, unsere Gedanken klar zu ordnen. Bringen Sie abschließend das Geschriebene auf den Punkt und überschreiben Sie es mit einem Titel.

Frau J.s Erfahrungen

»Es war gar nicht so einfach, einen ungestörten Zeitraum zu finden. Schließlich habe ich abends, als die Kinder im Bett lagen und mein Mann auf einer Dienstreise war, die Gelegenheit wahrgenommen. Zuerst habe ich nochmals in dem Kapitel *Sexualität und Biographie* gelesen und bin an einigen Sätzen hängen geblieben, die etwas mit mir zu tun haben: Mein Vater wollte nie viel von mir wissen, er hat immer gearbeitet, war Monteur, und in der wenigen Freizeit, die blieb, ging er mit meinem jüngeren Bruder angeln. Ich glaube nicht, dass meine Mutter mir unbedingt ein positives Frauenbild vermittelt hat. Zwar hatte sie das Sagen, weil mein Vater ja nie zu Hause war, aber sobald er da war, hat sie sich ihm untergeordnet. Ich habe das nie verstanden. Selbstbefriedigung habe ich nur ein-, zweimal probiert, aber ich hatte ein zu schlechtes Gewissen, bin mir irgendwie schmutzig vorgekommen, obwohl nie jemand mir gegenüber solche Worte benutzt hat. Vielleicht hängt das auch mit dem Fremdgehen meines Vaters zusammen, zwei Mal standen meine Eltern kurz vor der Scheidung. Meine Mutter hat sich über die »lüsternen Weiber« aufgeregt. Aufgeklärt wurde ich eher von Mitschülerinnen auf dem Schulhof, obwohl meine

Mutter nach dem Eintreten meiner ersten Periode ein Aufklärungsgespräch mit mir geführt hat. Sie war sehr unbeholfen, verlegen, und inhaltlich hat sie mir nichts Neues gesagt. Sie kam einfach zu spät! Das erste Mal war schrecklich: Ich hatte trotz Kondom solche Angst vor einer Schwangerschaft, war ganz verkrampft, sodass es schrecklich wehtat. Wir haben uns bald getrennt, und mit meinem zweiten Freund war es sehr schön, nur einen Orgasmus habe ich nicht bekommen. Das war erst mit meinem jetzigen Mann, und die erste Zeit war ganz schön turbulent, wir sind kaum aus den Federn gekommen. Leider sind diese tollen Zeiten vorbei! Ich finde, dass nach 15 Ehejahren zu viel Routine in unserer Beziehung ist, und ich weiß auch nicht, wie da herauskommen. Versuche mit Reizwäsche und Erotikfilmen haben immer so einen Beigeschmack, ich weiß dann nie, will er mich oder eine aus dem Film ...
Diese Gedanken gingen mir beim Lesen durch den Kopf. Und ich dachte mir, was da auf mich zukommen wird, wenn ich diese Phantasiereise mache und male ... Aber ich habe ja nichts zu verlieren, habe ich mir dann gesagt.
Die Entspannung zu Beginn der Phantasiereise ging recht gut, da ich früher schon einmal in einem Kurs Autogenes Training erlernt habe. Ich habe von unten nach oben meine Körperteile an- und entspannt und mich am Ende recht entspannt gefühlt. Dann habe ich, wie es in der Anleitung heißt, zuerst einmal eine Art Bilanz gezogen, wie ich mich gegenwärtig in meiner Sexualität fühle. Es fiel mir schwer, zuzugeben, dass ich doch recht unzufrieden bin nach knapp 20 Jahren Beziehung. Dass mir vieles fehlt, vor allem Körperkontakt und auch Spannung. Außerdem musste ich an eine meiner Lieblingsphantasien denken, in der ich 15 Jahre jünger bin, noch schlank, und mich Hals über Kopf

verliebe mit Kribbeln, Sehnsucht im Bauch und Fünfmal-hintereinander-miteinander-Schlafen ... Ich war traurig, dass ich das aller Wahrscheinlichkeit nach niemals mehr erleben werde, wenn ich nicht fremdgehe ... Soll das etwa schon das Ende sein? Zugegeben, ich habe nicht mehr so häufig Lust, mit meinem Mann zu schlafen, und das liegt nicht nur an ihm ...

Nach der Geburt der Kinder war es auch nicht einfach. Jedes Mal hat es ca. zwei Jahre gedauert, bis ich das Gefühl hatte, jetzt bin ich sexuell wieder die Alte. In der Zwischenzeit war das schwer auszuhalten, dass mein Mann wesentlich unzufriedener war als ich. Das hat ganz schön an meinem Selbstwert gezehrt. Dann sein Fremdgehen! Ich war kurz davor, alles hinzuschmeißen ... Glücklicherweise haben wir uns dann wieder zusammengerauft. Dann kam merkwürdigerweise eine Zeit, in der ich ihn sehr begehrt habe. Irgendwie hat es mich auch erregt, dass er mit einer anderen Frau geschlafen hatte, und ich wollte ihn mir zurückerobern. Als mir das gelungen war ... da nahm meine Lust wieder ab.

Dann die Anfangszeit. Wie waren wir wild aufeinander! Das hatte ich zuvor noch nie erlebt. Ich habe es derartig genossen, mit ihm zu schlafen. Ich wollte täglich und war gekränkt, wenn er einmal nicht wollte ... So müsste es immer sein, oder zumindest immer wieder.

Zuvor, mit 18, da war Jörg. Eigentlich meine erste große Liebe. Mit ihm habe ich meinen Körper erst richtig kennen gelernt. Er war sehr sanft, was am Anfang gut war, mir dann aber weniger gefiel. In meiner Phantasie malte ich mir eine Zeit lang aus, er sei Robert, der wirklich gut und sehr männlich aussah. Den hätte ich nie gekriegt! Jörg war auch eifersüchtig auf ihn, was mir gut gefiel.

Schon damals war es so, dass nach einem rauschenden Einstand die Sexualität abflachte und ich keine Lust mehr hatte.
Die erste Beziehung mit 16 war mit Thomas. Ich war nicht in ihn verliebt, aber er wollte mich. Das hat mir ausgereicht, mit ihm ins Bett zu gehen, obwohl ich das eigentlich nicht wollte. Das kommt jetzt auch immer wieder vor, dass ich mit meinem Mann schlafe, damit es keine Konflikte gibt ...
Er hat mir gesagt, mein Busen sei zu klein, und hat damit meinen wundesten Punkt getroffen. Das hat mein Selbstbewusstsein, das eh nie so toll war, damals kräftig erschüttert. Danach habe ich Jahre mit dieser Unsicherheit zu tun gehabt.
Die Pubertät ... Das Aufklärungsgespräch mit meiner Mutter. Warum hat sie sich nicht öfter die Mühe gemacht, mit mir darüber zu sprechen ... Ich hätte das gut gebrauchen können. Natürlich habe ich mich geschämt, sie sich auch. Vielleicht, weil ich nichts gesagt und gefragt habe. Aber das konnte ich nicht! Ich habe die entsprechenden Worte nicht über die Lippen gebracht. Und sie hatte immer so was Widerwilliges an sich, wenn das Thema Sexualität bloß in der Luft lag ... Ich verstehe das nicht. Meinen Vater, den kann ich in dieser Beziehung vergessen. Das Einzige, das er mir beigebracht hat, war, dass Männer fremdgehen, wenn sie nicht häufig und regelmäßig ihren Sex kriegen. Die haben, aus welchen Gründen auch immer, ein Recht darauf. Und selbst wenn die Frauen toben und machen, letztlich tun Männer, was sie wollen. Was für einen Druck der ausgeübt hat!
Dann diese Szene, als ich mich in der Pubertät mal selbst befriedigen wollte. Und mir fielen Mamas Worte ein, »lüsterne Weiber«, die warten nur darauf, dass einer sie flachlegt ... Da schämte ich mich, und die Lust verging mir für die nächsten Jahre ...

In der Kindheit, da war dieser Exhibitionist und hat seinen Penis gezeigt. Das fand ich ungemein interessant. Ich wollte auch einen Penis haben und tat so, als ob ... Bei Doktorspielen wollte ich dann eine Zeit lang immer ein Junge mit einem großen Penis sein, den man vorweisen kann.
Die Phantasiereise hat mich richtig angestrengt, das hätte ich nicht gedacht. Ich ließ mir noch einige Minuten Zeit zum Nachhängen, danach begann ich mit dem Malen.«

»Es hat mich überrascht, das fertige Bild vor mir zu sehen und mir sagen zu können: ›Das hast du gemalt, wo du doch Malen immer gehasst hast.‹ Sicherlich kein Meisterwerk, aber ich war dennoch ganz stolz darauf, und es hat mir sogar Spaß gemacht.
Der Übergang zur Auswertung fiel mir schwer, denn ich war noch ganz auf ›Tun‹ eingestellt, und jetzt sollte ich wieder denken:
Während des Malens war ich sehr konzentriert. Es begann damit, dass ich mir die Farbe Schwarz für das öde Gefühl ausgesucht habe, das ich derzeit für meine Sexualität empfinde. Es hat was mit Hoffnungslosigkeit, Leere, Langeweile zu tun. So habe ich mich auch gefühlt, als ich das gemalt habe, und vielleicht ist das zu einem Teil meines Lebensgefühls geworden. Ich habe bemerkt, dass die schwarze Farbe auch in andere Lebensabschnitte hineinpasst, irgendwie in die Kindheitserinnerung, als das mit dem Exhibitionisten war. In dieser Zeit habe ich mich einsam gefühlt, weil ich mir ›verkehrt‹ vorkam. Dann in die Zeit des Aufklärungs-

Panorama der Sexualgeschichte: Frau J. malte bedeutende sexuelle Erlebnisse, die sich in unterschiedlichen Lebensphasen ereigneten. Zunächst half ihr eine angeleitete Phantasiereise, ihre Erinnerung zu aktivieren. Beim anschließenden Malen ist das Erleben selbst genauso wichtig wie das Ergebnis.

gesprächs. Das war so trostlos, als meine Mutter mich mit den vielen Fragen, die ich hatte, alleine ließ. Auch das erste sexuelle Erlebnis mit Thomas: Ich tat etwas, was ich im Grunde doch nicht richtig wollte. Bei all dem vielen Schwarz wurde ich ganz traurig. Ich bekam das dringende Bedürfnis, eine Art Gegengewicht zu malen, und habe mir die rote Farbe ausgesucht. Ich habe richtig in ihr geschwelgt, habe rote Inseln gemalt, große und kleine, überall verteilt, was mich wiederum verwundert hat. Rot bedeutet Leidenschaft, Sex, Leben, voll dabei sein, sich nicht klein kriegen lassen, das Leben genießen ... Wenn ich mein Bild jetzt betrachte, kommt es mir vor, als hätte ich in Extremen gelebt, aber als fehlte die Mitte. Da sind zwar noch andere Farben, ein schmutziges Braun, das ich nicht einordnen kann. Und da ist auch noch Gelb, das bedeutet Eifersucht. Ja, das habe ich ganz vergessen: Ich war als Kind eifersüchtig, als mein Vater fremdging, und habe mir diese anderen Frauen immer ganz toll vorgestellt. Wollte später auch mal so werden und nicht wie meine Mutter, die wenig aus ihrem Äußeren machte, obwohl sie im Nachhinein betrachtet eine gute Figur gehabt hat. Und ich war eifersüchtig, als mich Thomas damals verließ. Er sagte zwar, es sei wegen unserer unterschiedlichen Interessen, aber zwei Tage später sah ich ihn mit einer anderen, die einen viel größeren Busen hatte. Natürlich war ich auch eifersüchtig, als mein Mann fremdging, und ich bin mir wie meine Mutter vorgekommen, so, wie ich nie sein wollte, wie eine Gefangene, denn Trennung hätte ein soziales und finanzielles Loch bedeutet. Ich war so stinkwütend und so depressiv zugleich und hätte diese Frau am liebsten erwürgt.

Die Blumen, zwei an der Zahl, sind meine Kinder. Ich bin sehr stolz auf sie. Auch auf mich, denn ich habe sie in mir wachsen lassen, habe ihnen dafür alles zur Verfügung gestellt. Die roten Blüten bedeuten, dass sie in Leidenschaft gezeugt wurden. Das Grün drum herum, das wie eine Wiese aussieht, ist alles, was ich neu erschaffen habe. Dazu gehören auch der Hausumbau, die Einrichtung und der Garten. Aber was hat das mit Sexualität zu tun? Vielleicht bedeutet das Grün ›meine Fähigkeiten‹, was noch aus mir erwachsen kann? Es tut auf jeden Fall gut, dieses Grün anzusehen, es gibt mir Hoffnung und Energie.

Es gibt eine Stelle, die mir Angst macht. Ich habe sie ganz in Dunkelblau an den Rand gemalt, ich will nicht viel von ihr wissen. Die Hülle außen herum bedeutet, dass sie gut verpackt ist, und wenn ich sie so ansehe, würde ich am liebsten diese Hülle noch viel dicker malen. Meinen Mann und mich, die einzigen Figuren auf dem Bild, habe ich auf die rechte Seite gemalt, das weist in die Zukunft, und das bedeutet, wir gehören zusammen. Die Figuren sehen sich jedoch nicht an, die schauen aus dem Bild heraus, das ist die Entfremdung ... Dahin schaue ich sehr ungern, aber ich denke, dass ich es unbedingt tun sollte.
Was ich weggelassen habe, sind meine sexuellen Phantasien in der Pubertät, auch die späteren. Dies ist ein gefährliches Kapitel. Ich weiß nicht, wie ich es ausdrücken soll, aber vielleicht bin ich nicht ganz normal, ich stehe nämlich sehr auf große, erigierte Penisse. Mein Mann hat in den letzten Jahren immer mal wieder Erektionsprobleme gehabt, und das führt dazu ... Es fällt mir schwer, das zu sagen ... dass ich ihn innerlich sehr abwerte.
Zur Vertiefung hätte ich am liebsten etwas Leichteres, Angenehmeres gewählt, aber mir war der Ernst der Lage zwischen mir und meinem Mann durch das Bild deutlicher denn je geworden. Deshalb habe ich mich entschlossen, den Vorschlag mit den Stimmen aufzugreifen und herauszufinden, was die beiden Figuren zueinander sagen. Ich habe sie auf dem Bild, das ich mir dabei angeschaut habe, miteinander sprechen lassen:

Mann: ›Wir stehen nebeneinander, aber du schaust mich nicht an. Das machst du oft so und ich verstehe nicht, warum du das tust.‹
Frau: ›Ich schaue mich um und schaue in die Zukunft.‹
Mann: ›In die Zukunft? Wie meinst du das denn?‹
Frau: ›Wenn ich es dir sage, wird es dir nicht gefallen, und wir werden uns wieder streiten.‹
Mann: ›Du tust so, als wäre ich ein unverständiges Monster, das es immer aufs Streiten anlegt.‹
Frau: ›Siehst du, jetzt fängst du schon wieder an ... Ich will nicht immer mir dir streiten müssen, ich will mit dir reden.‹
Mann: ›Dann tu es jetzt!‹
Frau: ›... also in der Zukunft, da sehe ich eine Menge Fragezeichen für uns, ich weiß nicht recht, wie es weitergehen soll. Ich will mit dir zusammenbleiben, das weiß ich. Aber ich finde, dass sich einiges ändern müsste ...‹
Mann: ›Was meinst du damit?‹
Frau: ›Wir reden zu wenig miteinander, das habe ich dir schon oft gesagt ...‹
Mann: ›Du meinst *vorgeworfen*!‹
Frau: ›Vielleicht auch vorgeworfen, aber es fehlt mir. Genauso wie es mir fehlt, dass wir etwas zusammen unternehmen, tanzen oder gemeinsam Sport machen ...‹
Mann: ›Du weißt, dass ich aufs Tanzen keine Lust habe. Sport wäre in Ordnung, z.B. Joggen.‹
Frau: ›Da ist es wieder, wir haben einfach zu verschiedene Interessen. Genauso ist es beim Sex auch!‹
Mann: ›Du hast mir schon so häufig Abfuhren erteilt. Ich habe schon gar keine Lust mehr, die Initiative zu ergreifen. Damit hängen meine Erektionsprobleme sicher zusammen.‹
Frau: ›Bin ich jetzt auch noch daran schuld?‹

Mann: ›Ich dachte, du wolltest mit mir reden, statt zu streiten? ... Dann sag mir mal, was du beim Sex möchtest?‹
Frau: ›Das ist gar nicht so einfach, ich weiß es selbst nicht so genau ...‹

Ganz schön schwierig, ehrlich zu sein und ihm nicht alles, was nicht klappt, in die Schuhe zu schieben. Ich sehe, dass ich zwar fordere, aber wenn es um Sexualität geht, doch nicht recht konkret werde. Das fällt mir auch deshalb schwer, weil ich es wirklich nicht so recht weiß. Und das, was ich weiß, traue ich mich nicht zu sagen, weil er mich ablehnen oder mich nicht für voll nehmen könnte ... wenn ich ihm von meinen Phantasien erzähle. Ich muss noch ganz schön an mir arbeiten.
Abschließend entstand folgender tagebuchartiger Text, man könnte beinahe sagen, ein Gedicht:

Das Leben ist ein Fluss.
Fließt in seinem Bett dahin.
Dazwischen in einem Meer Erinnerungen wie Inseln, manche schön, viele düster.
Umrahmt von Leben, das braust und auch dahinsiecht ...
Rot wie Feuer und Blut, Leidenschaft und Lebendigkeit.
Gelb wie Galle und bitter, so schmeckt Eifersucht. Davon mehr als genug. Eine Flut soll kommen und sie in den riesigen Ozean spülen. Für immer.
Soll mitnehmen das schmutzige Braun, den Fischen zum Fraß vorwerfen. Köstlich wird es munden. Ihnen.
Soll mitnehmen das dunkle, dunkle Blau. Aber Vorsicht! Wenn es an den Klippen zerschellt, droht eine Katastrophe. Gift wird sich über alles Leben ergießen. Es auslöschen, für immer.
Dahinter, fern am Horizont, Grün. Hoffnung, Leben, Wachstum.

Dort möchte ich für immer bleiben …
Und muss doch dorthin, wohin der Fluss mich trägt.
Muss der Zukunft entgegentreten.
Hand in Hand. Auge in Auge, mit versöhnlichem Blick.
Mit der Hoffnung, fern am Horizont, im Herzen.

Überschreiben möchte ich meinen Text mit ›Grüne Inseln‹.«

Schlussfolgerungen

Das Experimentieren mit kreativen Medien (Phantasiereise, Malen, vorgestelltes Rollenspiel, Schreiben) hat dem Thema Sexualität eine Fülle von Informationen hinzugefügt. Frau J. erfuhr neben der Erinnerung an bestimmte Ereignisse die gefühlsmäßige Bedeutung, die diese Themen auch heute noch für sie besitzen. Sie kam »auf neue Gedanken« und konnte vermehrt Verständnis entwickeln. Durch den Perspektivwechsel, einmal »mittendrin« zu sein, ein anderes Mal das Ganze aus der Distanz heraus zu betrachten, war es ihr leichter möglich, über sich nachzudenken.
Um die neuen Informationen zu bündeln, besonders um sie zielbringend zur Verbesserung der jetzigen Sexualität auszuwerten, helfen bestimmte Fragestellungen, die sich mit dem Zusammenhang von Vergangenheit und Gegenwart beschäftigen. Dazu möchte ich Ihnen einige Anregungen geben:

1. Welche positiven, im weiteren Sinne sexuellen Erfahrungen (»Quellen«) wirken sich bis heute aus? Wovon können Sie noch zehren?
2. Wie haben sich diese in Ihren Gefühlen, Gedanken und in Ihrem Verhalten niedergeschlagen?
3. Welche im weiteren Sinne negativen sexuellen Erfahrungen wirken sich bis heute aus, gehen Ihnen nach, verfolgen Sie?
4. Wie wirken sie sich auf Ihre Gefühle, Gedanken und auf Ihr Verhalten aus?

Frau J. berichtet:
»Dieses so genannte Aufklärungsgespräch mit meiner Mutter hatte ein Gutes. Sie sagte zu mir: ›Verkauf dich nicht unter Preis, wir sind unser Geld schon wert.‹ Das habe ich damals nicht recht verstanden, aber irgendwie habe ich einen Stolz entwickelt, der mir dabei half, die Männer erst mal auf Abstand zu halten und zu prüfen, ob sie wirklich akzeptabel sind ... (was mir nicht immer glückte). Aber grundsätzlich habe ich mich an diesen Rat gehalten und bin gut damit gefahren. Die Mutter meiner Freundin Sabine, die ich sehr mochte, sagte einmal in meiner Anwesenheit zu Sabine, die gerade unglücklich verliebt war: ›Jungs sind auch nur Menschen, die ihre Schwächen und Ängste haben.‹ Das habe ich mir gut hinter die Ohren geschrieben, obwohl sie ja nicht mich gemeint hat. Von da an ließ das die Männer in einem milderen Licht erscheinen. Mein Vater hat schließlich dazu nicht viel beigetragen. Wenn ich einen Blick auf mein Bild werfe, sehe ich auch, dass eine ganze Menge Leidenschaft in mir ist, und es gab immer wieder Inseln in meinem Leben, wo sie sich entfalten konnte. Vielleicht sollte ich nicht ganz

so unzufrieden sein, das mehr würdigen und das Vertrauen finden, dass ich mit meinem Mann neue Formen der Begegnung finden muss. Vielleicht habe ich versäumt, mich umzustellen, zu akzeptieren, dass eine lange Beziehung andere Bedingungen braucht und ich aufgrund der gegenseitigen Vertrautheit auch mehr ausprobieren könnte? Zusätzlich fällt mir ein, dass ich mit allen Männern auch eine Entwicklung durchgemacht habe, ich bin mit jedem Mann auch ein bisschen selbstbewusster geworden, habe deutlicher gespürt, was mir gefällt, was nicht, habe schließlich mit meinem Mann den ersten Orgasmus erlebt. Seit der ersten Geburt kriege ich außerdem regelmäßig einen oder mehrere Orgasmen, wenn ich mit meinem Mann schlafe.
Die Aussage meiner Mutter und die von Sabines Mutter wurden zu einer Art Lebenshaltung. Sie haben sich tief in mein Denken eingegraben, wurden zu guten Leitsätzen, die ich in den Kanon meiner Lebensweisheiten aufgenommen habe. Sie machten mir meinen eigenen Wert deutlich und trugen wahrscheinlich langfristig zu etwas mehr Wohlbefinden bei. Es lässt sich friedlicher leben, wenn man nicht ständig darum zu kämpfen braucht, ob man etwas wert ist. Den Männern gegenüber wurde ich vielleicht durch die Aussage von Sabines Mutter freundlicher gesonnen, ich habe sie innerlich nicht mehr so bekämpft und abgewertet. Und ich hatte weniger Angst vor ihnen, konnte lockerer in Kontakt mit ihnen treten, war selbstbewusster. Wenn ich außerdem wahrnehme, dass mein Leben nicht nur eine große Ödnis ist, dass ich schon viel geschafft habe, meine Leidenschaft und meine Lebenslust noch nicht verloren habe, dann denke ich auch positiver über mich und das Leben. Ich muss es mir nur hinter die Ohren schreiben, so wie bei meiner Mutter und Sabines Mutter, damals. Dann ist mein Lebensgefühl

gemischter, bunter, und nicht nur schwarz oder rot. Das gibt mir Energie, Veränderungen anzupacken.
Was mir im negativen Falle immer noch nachzugehen scheint, mehr, als mir klar war, ist das Erlebnis mit dem Exhibitionisten. Seitdem finde ich besonders große Penisse interessant, faszinierend. Einerseits ist das schön, andererseits ist es auch in gewisser Weise eine Einengung. Wenn nicht alles so ist, wenn er nicht so ist, wie ich mir das vorstelle, verliere ich schnell die Lust. Außerdem habe ich mich immer so dafür geschämt, hatte Angst ungerecht zu sein, sodass ich diese Phantasie bis heute verborgen und nicht ausgelebt habe. Dass mein Vater fremdgegangen ist, hat mich außerdem sehr mitgenommen. Bzw. das, was an Konflikten daraus erwachsen ist. Als mein Mann mich vor einigen Jahren betrogen hat, kam mir das wie eine böse Wiederholung vor. Ich war erneut wie vor Angst gelähmt, fragte mich, ob jetzt unsere Familie auseinander bricht, kam mir wie die letzte Schreckschraube vor und wusste nicht, wie ich unsere Kinder schützen konnte. Die Angst vor dem Fremdgehen sitzt mir immer noch im Nacken. Ich bin bei geringfügigen Anlässen eifersüchtig, versuche das natürlich, so gut es geht, zu verheimlichen, aber mein Mann kritisiert zu Recht, dass er sich in gewisser Weise von mir kontrolliert fühlt. Von der Vergangenheit bis heute ziehen sich die Eifersucht und die Kontrolle wie ein roter Faden durch mein Leben.
Das Aufklärungsgespräch mit meiner Mutter hat seine negativen Spuren hinterlassen. Meine Mutter war so lieblos, neutral, wahrscheinlich aus eigener Verlegenheit, und ich habe noch genau ihren Tonfall im Ohr. Dabei läuft es mir kalt den Rücken hinunter. Sie hat ihre Pflicht getan, so kam es mir vor. Und diese Art Kälte hat mich irgendwie die nächsten Jahre begleitet. Ich glaube sogar, dass mein vergeb-

licher Versuch der Selbstbefriedigung auch durch diese Kälte gescheitert ist: Irgendwie war ich auch kalt mir gegenüber. Die Schuldgefühle, dass ich mir wie ein ›lüsternes Weib‹ vorkam, taten ein Übriges.
Das mit dem großen Penis wurde zu einer fixen Idee, die in meiner Phantasie immer wichtiger wurde, vielleicht weil ich nie zu ihr gestanden habe. Sie hat mich in Gedanken, häufiger, als mir lieb war, beschäftigt. Eine Folge war die Abwertung meines Mannes. Wahrscheinlich wurde das langfristig zu einem Baustein unseres Problems, dass wir nur noch selten miteinander schlafen.
Das Fremdgehen und die Eifersucht begleiteten mich fast mein ganzes Leben lang, sie sind nicht mehr wegzudenken, obwohl ich mir das ganz dringend wünsche. Ich habe darunter so oft gelitten. Und ich habe mit meiner Eifersucht selbst so viel Ungutes angerichtet, dass ich mich frage, warum mein Mann eigentlich noch bei mir ist. Ich habe ja angedeutet, wie ich ihn immer wieder kontrolliert habe ... Schließlich hat die Aufklärung durch meine Mutter mein Denken über Sexualität eher negativ eingefärbt, es war immer eine Art ›gefühlskalter Schleier‹ darüber, was sich erst nach Jahren positiver Erfahrung veränderte.«

Die Behandlung sexueller Störungen

Wenn Sie dieses Buch bis hierher gelesen und sich mit den Fragestellungen zum Abschluss eines jeden Kapitels beschäftigt haben, dann haben Sie wahrscheinlich grundlegende Ideen darüber entwickelt,

- um welches Problem es sich bei Ihnen handelt,
- welche inneren und äußeren Störungsmomente vorausgehen, welche Konsequenzen nachfolgen,
- welche übergeordneten Problembereiche dem Ganzen zugrunde liegen,
- welchen Anteil Ihr Partner am sexuellen Zusammenspiel hat,
- welche biographischen Hintergründe (positive und negative) sich bis heute auf Ihr Sexualleben auswirken.

Dies ist eine notwendige Vorarbeit, wie sie auch in jeder Therapie, meistens in Form von Gesprächen, stattfindet.
Darüber hinaus haben Sie in Wahrnehmungs- und Körperübungen Basisfertigkeiten kennen gelernt, die Ihnen als »Bausteine« bei Ihren Veränderungen sehr nützlich sein können.
Jede Psychotherapie muss individuell auf die Möglichkeiten, Bedürfnisse und Ziele einer Person zugeschnitten sein,

dies gilt genauso für eine Anleitung zur Selbsthilfe. Entscheidungen darüber, ob eher einzel- oder paarzentriert gearbeitet wird, ob eng am Symptom oder an den begleitenden nichtsexuellen Problemen, ob übungs-, erlebnis- oder konfliktzentriert, müssen im Verlaufe des Prozesses gefällt werden. Dies alles im Auge zu behalten ist natürlich ohne therapeutische Ausbildung sehr schwierig und stellt eine Überforderung dar. Aus dieser Überlegung heraus habe ich mich entschieden, im Folgenden Fallbeispiele mit typischen Problemkonstellationen und ihre Behandlung mit exemplarischen »Therapiebausteinen« darzustellen. Diese Vorgehensweise eröffnet Ihnen die Möglichkeit, Sexualtherapie in »Theorie und Praxis« zu erfahren, was Ihnen hoffentlich das Experimentieren erleichtert.
Die weiteren Kapitel sind dann wie folgt untergliedert: Nach der Vorstellung der allgemeinen Lebenssituation und der Problematik (Fallvignette) schildere ich Ihnen die Problemanalyse, dann die Therapieziele, danach den Therapieplan mit den einzelnen Therapiebausteinen und schließlich den Verlauf der Behandlung. Einige Kapitel enthalten außerdem einen Exkurs, in dem ich einzelne Aspekte vertiefe.

Einzeltherapie bei einer Luststörung

Fallvignette

Frau B., 30 Jahre alt, ist Teamleiterin in einer renommierten Firma, seit kurzem wieder solo, nachdem sie sechs Wochen vor der Hochzeit mit ihrem langjährigen Freund aus der gemeinsamen Wohnung ausgezogen ist. Hauptgrund für die

Trennung war die Erstarrung der Beziehung in Routine. Neben wenigen Arbeitskollegen gab es keine Bekannte oder Freunde, nur einige Familienangehörige, zu denen das Paar regelmäßig Kontakt hielt. Die Freizeitaktivitäten erschöpften sich in Fernsehen, Lesen und gelegentlichen Spaziergängen. Gemeinsame Gespräche verliefen oberflächlich und waren für Frau B. unbefriedigend. Infolge des passiven Lebensstils kam es seit Beginn der Beziehung zu einer Gewichtszunahme (jetzt 78 kg bei 168 cm). In den letzten Jahren machte sie mehrere, letztlich erfolglose Diätversuche, zur Zeit nimmt sie an einem Gewichtsabnahmeprogramm teil, das sehr teuer ist, und hat auch schon 4 kg abgenommen. Unter ihrem Gewicht leidet sie sehr, findet sich unattraktiv, wobei der Exfreund sie allerdings so akzeptierte, wie sie war. Einen weiteren Trennungsgrund stellte die Sexualität dar, obwohl diese zu Beginn der Beziehung zufrieden stellend war: Frau B. kam regelmäßig zu einem Orgasmus, sowohl durch die manuelle Stimulation des Freundes als auch beim Geschlechtsverkehr. Anfänglich initiierte sie die sexuellen Begegnungen mit, in den letzten drei Jahren jedoch zunehmend seltener. Zuletzt fanden »alle paar Wochen mal« sexuelle Aktivitäten auf sein Betreiben hin statt. Obwohl sie ihren Freund liebte, wurde das Zusammensein langweilig, sie »klebten zusammen« und keiner grenzte sich vom anderen ab, um auch einmal etwas alleine zu unternehmen. Frau B. machte das ständige »Zusammenherumhängen« aggressiv. Damit wenigstens etwas passierte, stritt sie. Rückblickend ist Frau B. auch der Meinung, dass ihr die Sexualität schon in der vorangegangenen Partnerschaft »langweilig« wurde, nachdem das Verliebtsein zu Ende war. Sie fragt sich, ob das das Schicksal einer jeden Partnerschaft ist bzw. wie sie die Sexualität in einer Partnerschaft langfristig lebendig halten kann.

Problemanalyse

Die Problemanalyse ergibt, dass Frau B. die Art des Streichelns durch den Partner wenig aufregend fand und ihn als Mann abwertete (»Er ist mir ›zu sanft‹, ›zu wenig zupackend‹«). Zugleich hoffte sie geradezu auf seine Initiative, weil ihr dies als Beweis ihrer Attraktivität erschien. Kam es zu Sexualität, blieb ihre körperliche Erregung gering. Gedanklich wertete sie ihren Partner als langweilig ab, wünschte sich insgeheim eine andere Art von Mann, wagte aber nicht, sich von ihm zu trennen (»Wer weiß, ob was Besseres nachkommt?«). Wenn sie mit einigen Mühen doch zu einem Orgasmus kam, war sie beruhigt, dass es doch noch ging, gleichzeitig aber unzufrieden darüber, dass es nicht so »toll und einfach« wie zu Beginn der Beziehung verlief. Hinzu kam ihre Unzufriedenheit darüber, dass er sie nicht häufiger begehrte. Frau B. befand sich letztlich in einem Entscheidungskonflikt, ob sie die Beziehung aufrechterhalten oder sich trennen sollte, bei gleichzeitiger Angst, bei ihrer »Figur« keinen oder wieder nur einen Partner »zweiter Wahl« zu finden. Allerdings gab sie ihrem Expartner auch kaum eine Chance, sein Verhalten zu ändern, da sie es vermied, ihn offen auf die Probleme anzusprechen, was ihn möglicherweise zur Änderung seines Verhaltens bewogen hätte.

Therapieziele und Therapiebausteine

- Anstehende Auseinandersetzungen führen, gegebenenfalls mit Unterstützung vorangehender Rollenspiele und Kommunikationsübungen.
- Veränderung des passiven Lebensstils – mit dem Ziel der aktiven Freizeitgestaltung und dem Aufbau eines Bekannten- und Freundeskreises.

- Freundlicheres Verhältnis dem eigenen Körper gegenüber entwickeln, z.B. durch die Veränderung verzerrter oder überhöhter Vorstellungen, durch die bewusste Trennung von Wahrnehmungen und Bewertungen, durch vermehrtes, angenehmes Spüren wie Sport, Tanz, Sauna, Massagen usw., gegebenenfalls über eine vernünftige Gewichtsreduktion durch eine Diät.
- Selbstkritischere Prüfung ihrer Partnerwahlkriterien
- Verantwortungsübernahme für die eigenen sexuellen Bedürfnisse, sie besser kennen lernen und das sexuelle Repertoire erweitern.

Exkurs: Einzeltherapie weiblicher Sexualstörungen

Folgender »Fahrplan« zur Behandlung von Frauen mit sexuellen Problemen (Lust-, Erregungs- und Orgasmusstörungen) im Rahmen einer Einzeltherapie nach den Sexualtherapeuten Julia Heiman, Joseph Lo Piccolo und Leslie Lo Piccolo aus den siebziger Jahren hat sich bis heute bewährt:

Therapieabschnitt	Übungen/Hausaufgaben
1. Erkunden der persönlichen Sexualgeschichte und Kennenlernen des Körpers	• Genaues Zurückerinnern an die einzelnen sexuellen Erlebnisse in Form einer Meditation; danach eventuell aufschreiben, • sich in Gedanken seinen Körper anschauen, • Spiegelübung: sich von Kopf bis Fuß in einem großen Spiegel betrachten, • sich mit einem Handspiegel die Genitalien ansehen und anhand einer Zeichnung die einzelnen Geschlechtsorgane identifizieren.
2. Sich entspannen lernen	• Entspannungsübungen mehrmals täglich zwei Wochen lang (z.B. Autogenes Training, Progressive Muskelrelaxation nach Jacobson, Atemübungen),

	• Kegel-Übungen in unterschiedlichen Variationen, zwei bis drei Wochen mehrmals täglich üben.
3. Körper berühren einschließlich der Genitalien	• Sich von Kopf bis Fuß berühren und streicheln, unterschiedliche Berührungsarten ausprobieren, • sich am ganzen Körper berühren und danach auf die Genitalregion fokussieren, indem die Stellen, die als besonders lustvoll erlebt werden, länger gestreichelt werden.
4. Berührungen genießen lernen	• Körperübungen zur Lockerung (z.B. Atem-, Brust-, Nacken-, Beckenübungen), • erotische Literatur, • sich im Genitalbereich streicheln und sexuelle Phantasien haben.
5. Masturbieren bis zum Orgasmus	• Physiologische Informationen über Orgasmusgeschehen lesen.
6. Erregungssteigerung bei anhaltender Anorgasmie	• Einsatz eines Vibrators.

Selbstverständlich ist es nicht notwendig, dass jede Frau mit einem sexuellen Problem alle Stufen dieses Übungsplans durchläuft. Vielmehr geht es darum zu entscheiden, welche übungsorientierten Bausteine je nach Problem und Ziel sinnvoll als Hausaufgabe einzusetzen sind. Im Falle von Frau B. erschien es angezeigt, mit dem 3. und dem 4. Therapieabschnitt (*Körper berühren einschließlich Genitalien* und *Berührungen genießen lernen*) zu experimentieren.

Therapieverlauf

In der Beschreibung des Verlaufsprozesses wollen wir uns im Wesentlichen mit den Therapiezielen beschäftigen, die die sexuelle Problematik zumindest mittelbar berühren.

Die Zweifel an ihrer körperlichen Attraktivität trotz anders lautender Kommentare seitens des Expartners führten in der Beziehung zwar nicht zu Beginn, aber später zu einer herabgesetzten Bereitschaft, sich auf Sexualität einzulassen. Selbstabwertende Gedanken (»Ich bin so fett«, »Mein Hintern ist zu dick«, »Ich kann mich ihm nicht zumuten«) sowie Unterstellungen über unausgesprochene negative Beurteilungen des Partners (»Er traut sich nicht zu sagen, wie dick/unattraktiv er mich in Wirklichkeit findet«) reduzierten auch Lust und Erregung. Frau B. war bewusst, wie sehr sie sich an der gesellschaftlich erwünschten Norm von Schlankheit orientierte, fand sich aber zu wenig selbstbewusst, um ihre Kilos zu vertreten. Immerhin konnte sie aber von ihrem idealen Zielgewicht (60 kg) abrücken und sich an dem Gewicht orientieren, das sie zu Beginn der Beziehung hatte (68 kg). Daraufhin war sie auch motiviert, einen freundlicheren Umgang mit ihrem Körper zu hegen. Zuerst einmal suchten wir nach molligen Frauenfiguren (Rubens' Frauen, Bauchtänzerinnen, Aktmodelle, mollige Models usw.), denen Frau B. positive Eigenschaften sowohl in ihrer Rolle als Frauen als auch als Menschen zuordnete (»mutig, schön rund, erotisch, wie das blühende Leben« usw.). Sie überprüfte daraufhin, welche Attribute auch zu ihr passten. Danach war sie bereit, die für sie sehr schwierige Übung, sich nackt in einem großen Spiegel zu betrachten, auszuprobieren. Sie erhielt die Anleitung, zunächst Sätze mit »Ich sehe ...« zu bilden, um Beschreibung und Bewertung trennen zu lernen. Im zweiten Schritt ging es darum, nach der Beschreibung durchaus auch zu einer Bewertung zu gelangen (»Ich sehe ...« und »Ich finde ...«). Zur Bewältigung von »Rückfällen« in Selbstabwertungen stellte sie sich gedanklich ihre beste Freundin zur Seite, die

sie bremsen und korrigieren sollte. Nachdem sie ihre Problemzone, den Hintern, kaum anschauen konnte, zog sie ein Tuch um. Hierfür konnten wir in einer nächsten Sitzung den für sie akzeptablen Satz formulieren: »Ich bin nicht perfekt und muss es auch nicht sein.« In den nächsten drei Wochen führte sie fast täglich diese Übung ca. zehn Minuten lang aus. Frau B. bilanzierte daraufhin, dass sie nun eine sehr vertraute Beziehung zu ihrem Körper bekommen habe, ihn zwar noch immer nicht »toll« finde, aber ihm »viel freundlicher« gesonnen sei. Sie wollte weiterhin unbedingt ihre Diät bis zum festgelegten Ziel durchführen und erhoffte sich davon eine weitere Akzeptanz. Jedoch äußerte sie die Befürchtung, dass sie schnell wieder die vertraute und wohlgesonnene Haltung ihrem Körper gegenüber verlieren könnte. Wir vereinbarten weiterhin ein- bis zweimal in der Woche die Durchführung der Übung. Außerdem wollte sie einen Kurs für Bauchtanz besuchen, in der Hoffnung, ihren Körper auch auf andere Arten positiv erleben zu können sowie eine bestimmte Facette von Frausein, die runde, erotische Bauchtänzerin, die sie in sich spürte, mehr in ihr Leben zu integrieren.
Das weitere Therapieziel, sich kritischer mit den Kriterien für ihre Partnerwahl auseinander zu setzen, machte deutlich, wie sehr sie sich selbst mit einem inneren, nicht deutlich bewussten, aber strengen Maßstab verglich und wie sie für sich festlegte, wie attraktiv ein Mann sein durfte, den sie sich »leisten« konnte. Dabei achtete sie zu wenig auf ihre eigenen Bedürfnisse. Wir konnten herausarbeiten, dass sie im Grunde genommen bereits eine Art Grundprofil über ihren »Wunschmann« hatte, in dem das Kriterium der sexuellen Attraktivität einen hohen Stellenwert einnahm. Dies umso mehr, als sie den Partner ihres Lebens zu treffen wünschte.

Im weiteren Verlauf beschäftigten wir uns dann mit der eigentlichen sexuellen Problematik, der Verantwortungsübernahme für die eigenen sexuellen Bedürfnisse. Dies setzte voraus, dass sie die sexuellen Reaktionen ihres Körpers besser kennen lernte und ihr sexuelles Repertoire erweiterte. Frau B. hatte nur wenig Erfahrungen mit Selbstbefriedigung gesammelt; was sie mochte und was nicht, leitete sie aus den Erlebnissen mit zwei Partnern ab. Zwar war sie zu Beginn in der Verliebtheitsphase immer sehr aktiv, später aber, wenn der sexuellen Begegnung eine bewusstere Gestaltung nicht abträglich gewesen wäre, überließ sie den Verlauf dem jeweiligen Partner. Rückblickend beurteilte sie die Rahmenbedingungen (»immer im Bett, meistens am Sonntagmorgen, immer im Dämmerlicht« usw.), ihre Art des Streichelns sowie die des Partners, die Dauer, die Atmosphäre untereinander (»Wir haben nicht geredet, nicht gelacht, keine Pause gemacht« usw.) als zu wenig abwechslungsreich. Vor allem sei sie nicht wirklich engagiert und innerlich dabei gewesen, weil es ja auch nicht von ihr ausgegangen sei.

Bevor wir mit übungszentrierten Bausteinen aus dem oben genannten Therapiemanual begannen, sollte sich Frau B. über ein sie ansprechendes, erotisches Ambiente Gedanken machen, außerdem empfahl ich ihr zur besseren Information Literatur von Lonnie Barbach (siehe Literaturliste). Daraufhin kaufte sie sich Duftkerzen, suchte sich entsprechende Musik aus, schaute sich, neugierig geworden, gewagtere Unterwäsche an (ohne sie zu kaufen) und begann ihr Schlafzimmer mit Spiegeln, Tüchern und Stoffen »orientalisch« umzudekorieren. Im nächsten Schritt konzentrierte sie sich mehrfach auf die Übung, sich von Kopf bis Fuß, eventuell nach einem Bad, zu berühren und zu streicheln, dabei unterschiedliche Berührungsarten (kneten, massieren, drücken, leicht und fest streicheln usw.) mithilfe unterschiedlicher Gegenstände wie Feder, Samt, Wollknäuel, Watte, Holz usw. auszuprobieren. Frau B. war überrascht, wie viele verschiedenartige Wirkungen sie erzielen und welch unterschiedliche Berührungsqualitäten sie dabei empfinden konnte. »Warum hat mir das vorher niemand gesagt?«, beklagte sie sich scherzeshalber. Außerdem fand sie die orientalische Atmosphäre ihres Schlafzimmers bei Kerzenlicht und unterschiedlichen Duftessenzen sehr romantisch. Danach dehnte sie ihre Übungen wie vereinbart auf den Genitalbereich aus, wobei sie mit Öl und Lotion weitere neue Berührungssensationen erfuhr. In diesem Zusammenhang wurde Frau B. deutlich, dass sie nahezu keine Phantasien hatte, die ihr Liebesspiel unterstrichen. Tatsächlich erklärte sie sich dies damit, dass zum einen nie eine Notwendigkeit dazu bestand, zum anderen sei sie schlichtweg nicht auf diese Idee gekommen, finde aber, dass dieser Mangel ihr Sexualleben ärmer mache. Mithilfe des Buches von Nancy Friday *Die sexuellen Phantasien der Frauen* und unter Zuhilfenahme alter, schöner Erinnerungen sowie Zukunftsphantasien mit dem Wunschmann entwickelte Frau B. Bilder, Szenen und kurze Handlungsabläufe, die sich um die Themen Begehrtwerden und Verführung (in unterschiedlichen Rollen: Haremsdame, scheues, junges Mädchen, wildes Weib) rankten.

Zu diesem Zeitpunkt in der Therapie konnte Frau B. mangels Partner keinen Transfer in eine Beziehungssituation unternehmen. Deshalb vereinbarten wir bei Bedarf eine Fortführung der Therapie zu einem späteren Zeitpunkt.

Exkurs

Es gibt eine Fülle empirischer Untersuchungen über sexuelle Phantasien. Jedoch lässt sich noch immer nicht eindeutig beantworten, welche psychologische Funktion sie eigentlich haben. Möglicherweise ist das bei verschiedenen Menschen durchaus unterschiedlich. Zur Bedeutung sexueller Phantasien gibt es mehrere Hypothesen:

① Sexuelle Phantasien stellen eine Art Verarbeitungsversuch der sexuellen, vielleicht auch der nichtsexuellen Realität, dar.
② Sie haben mit der Wirklichkeit wenig zu tun, stehen manchmal sogar im Kontrast dazu und dienen als Handlungsersatz.
③ Sie bereiten das konkrete Sexualverhalten vor, indem sie bestimmte Handlungsweisen in Gedanken vorwegnehmen.

Über den Realitätsbezug ihrer sexuellen Phantasien machten die Befragten einer Studie folgende Aussagen: Die meisten Männer und Frauen berichteten, dass sie sich Dinge vorstellen würden, die sie in Wirklichkeit nie tun wollten. Knapp die Hälfte der Frauen und Männer sagten überdies, dass die Inhalte ihrer sexuellen Phantasien nichts mit ihrem wirklichen Sexualleben zu tun hätten. Manche Menschen kompensierten z.B. erlittene Niederlagen und Kränkungen, indem sie sie in der Phantasie in sexuelle Siege ummünzten. Viele der Befragten, mehr Frauen als Männer, phantasierten aber auch Dinge, die ihnen in ihrer Sexualität fehlten. Vielleicht trauen sich Frauen weniger als Männer, ihre Bedürfnisse kundzutun bzw. die Partner gehen weniger darauf ein. Jede zehnte Frau gab an, nach einer längeren Phase der Enthaltsamkeit besonders intensive sexuelle Phantasien zu entwickeln. Nur wenige Frauen (ca. jede zehnte) wollten allerdings ihre Phantasien umsetzen. Nach Pornographiekonsum ließen die Inhalte etwa 10 bis 15 % der Frauen nicht mehr los. Szenen, die sie eigentlich als abstoßend empfanden, tauchten immer wieder auf. Diese Frauen waren offenbar sehr damit beschäftigt, sich von negativen, bedrohlichen Erlebnissen abzulenken.

Nicht selten haben sich unfreiwillig aufdrängende, quälende sexuelle Phantasien (z.B. gedemütigt oder vergewaltigt zu werden) vielschichtige, biographische Wurzeln und deuten auf unverarbeitete, negative Erfahrungen, z.B. das Erleben sexuellen Missbrauchs, hin.

Von Frauen aktiv provozierte sexuelle Phantasien, die um Themen wie Macht und Kontrolle, Dominanz und Überlegenheit, Zwang und Gewalt kreisen, haben allerdings nicht unbedingt einen solch schwerwiegenden Hintergrund. Was auf den ersten Blick wie der Wunsch, vergewaltigt zu werden, aussieht, kann in Wirklichkeit das Überwältigtwerden durch einen im Grunde liebenden Mann meinen, der durch die Unwiderstehlichkeit der Frau aus der Fassung geraten ist. Oder es geht um eine spielerische Machtprobe, bei der sich die Frau erobern lässt und sich dabei dem Vergnügen hingibt, frei von störenden Kontrollen zu sein. Wenn Sie genau hinschauen, werden Sie erkennen, dass in beiden Fällen die Frauen die eigentlichen Initiatorinnen der Situation sind. Die Männer spielen im Drehbuch der weiblichen Phantasie eine von vornherein durch die Frau persönlich festgelegte Rolle, die keine Abweichung duldet.

Phantasien lassen sich sehr gut zur Bereicherung Ihres Sexuallebens nutzen. Allerdings leben viele Frauen nach der ungeschriebenen und häufig auch unbewussten Regel, dass sexuelle Phantasien nicht sein dürfen. Da nichtvorhandene sexuelle Phantasien keinerlei Leidensdruck erzeugen, fällt ihnen dieses Manko nicht auf. Erst eine bewusstere Wahrnehmung und Auseinandersetzung schafft die Basis dafür, diesem Vergnügen einen Platz einzuräumen. Vor allem muss das Verbot entkräftet werden. Die Eltern einer erwachsenen Frau werden dieses kaum für sie übernehmen. Vielmehr ist jede Frau selbst dafür verantwortlich, sich die Erlaubnis zu geben, anders zu denken, zu fühlen und zu handeln.

Wenn Sie sich frei fühlen, Ihren sexuellen Phantasien einen Platz in Ihrem Leben einzuräumen, dann können folgende Anregungen nützlich sein: In welcher Rolle sehen Sie sich als Sexualpartnerin am liebsten? Als Angebetete, wilde Frau, Prinzessin, Domina, Jungfrau usw.? Wie sehen Sie in dieser Szene aus, was tun Sie? Wie ist die Umgebung beschaffen? Von welchen Personen sind Sie umgeben und was tun diese? Nehmen Sie sich in einer ruhigen Stunde Zeit, vielleicht bei einem Spaziergang, in der Badewanne oder im Halbschlaf über diese Fragen nachzusinnen. Überlegen Sie weiter, wie Sie sich am besten mit der von Ihnen bevorzugten Rolle identifizieren können. Hilft ein Kleidungsstück, ein bestimmter Duft, ein Symbol?

Eine weitere Quelle erotischer Phantasie sind Erinnerungen an positive sexuelle Erlebnisse. Denken Sie an ein unvergessliches Liebeserlebnis, z.B. an Ihr ungewöhnlichstes, zärtlichstes, wildestes usw. Wäre es nicht schade, wenn diese Erinnerungen dem Vergessen anheim fallen würden? Packen Sie sie dann und wann aus und zelebrieren Sie sie. Schließlich sind sie ein kostbarer Teil Ihres Lebens.

Zudem gibt es eine Menge guter Bücher und Filme, die auf die Bedürfnisse von Frauen zugeschnitten sind. Es braucht nur etwas Selbstsicherheit, um in Buchläden bzw. Videotheken zu schmökern. Und wenn Sie sich nicht alleine trauen, nehmen Sie doch eine gute Freundin mit.

Eine kombinierte Einzel- und Paartherapie bei Lust-, Erregungs- und Orgasmusproblemen

Fallvignette

Herr und Frau H., 44 und 41 Jahre alt, sind seit 16 Jahren verheiratet und haben zwei Söhne im Alter von 14 und 12 Jahren. Beide sind beruflich sehr engagiert, er als Architekt, sie als Graphik-Designerin. Beide beklagen die mangelnde Zeit füreinander, aber auch für familiäre Aktivitäten. Frau H. kommt gegen fünf Uhr von der Arbeit nach Hause, Herr H. gegen sieben. Nach dem gemeinsamen Abendessen verrichtet Frau B. noch einiges an Hausarbeit, während Herr B. zuerst Zeitung liest und sich anschließend mit den Söhnen beschäftigt. Gegen neun gehen die Söhne zu Bett. Herr und Frau B. setzen sich dann noch für eine halbe Stunde zum Gespräch zusammen. Danach geht Frau H. zu Bett und liest, während Herr H. noch ca. eine Stunde arbeitet. Herr H. beklagt das Desinteresse seiner Frau an Körperkontakt und an Sexualität und findet, dass er bei ihr ziemlich weit nach den Kindern und ihren Freundinnen rangiert. Frau H. ihrerseits wirft ihrem Mann vor, über nichts anderes als über seine Arbeit sprechen und an nichts anderes denken zu können. Selbst bei dem abendlichen Plaudern seien seine fortwährende Anspannung und sein Unvermögen abzuschalten spürbar. Das finde sie nicht sehr verführerisch. An den Wochenenden ist die Familie oft in Sachen Fußball unterwegs, da beide Söhne begeisterte Fußballspieler sind. Befragt nach der Kommunikation, dem Körperkontakt und der Sexualität während des letzten Urlaubs, wird deutlich, dass mehr Gespräche stattfinden, auch persönlicher Natur, dass es zu etwas mehr Körperkontakt und Sexualität kommt, überwiegend veranlasst durch Herrn B. Im Urlaub finden aber auch mehr Auseinandersetzungen statt, weil die Wünsche nach der Häufigkeit von Körperkontakt und Sexualität sehr differieren. Frau H. hat auch unter entspannteren Bedingungen kaum sexuelle Lust, lässt sich dann zwar auch mal verführen, erlebt aber immer wieder, wie sie dann abschweift und die Erregung nachlässt. Nachfolgend hat sie dann auch Orgasmusprobleme. Insgesamt ist ihr Sexualität nicht sehr wichtig. Diese Auffassung stört sie jedoch selbst, und sie fragt sich, wieso es so weit gekommen ist. Herr H. wünscht sich ein- bis zweimal wöchentlich Sexualität und täglichen Körperkontakt im Sinne zärtlicher Gesten der Aufmerksamkeit. Frau H. möchte höchstens ein- bis zweimal im Monat Sexualität, über mehr Körperkontakt würde sie sich auch freuen. Dies war, so geben beide übereinstimmend an, nicht immer so. Zu Beginn der Beziehung, in der Verliebtheitsphase, gab es sehr häufig Sexualität, wobei Frau H. damals keine sexuellen Probleme hatte. Nach der Geburt der Kinder gab es jeweils »Einbrüche«, wobei sich die vorhergehende Häufigkeit nicht mehr einstellte und die eheliche Zufriedenheit insgesamt nachließ. Infolge der nachlassenden Sexualität und des Sich-vernachlässigt-Fühlens begann Herr H. eine Affäre. Für beide Seiten waren die Folgen sehr aufrüttelnd, bekräftigten sie aber in ihrem Entschluss, zusammenzubleiben. Überraschenderweise gewannen die sexuellen Begegnungen vorübergehend wieder die Qualität der anfänglichen

Verliebtheitsphase. Da sich nun aber die Beziehung insgesamt und speziell auch sexuell wieder sehr unbefriedigend entwickelte, gelangten sie gemeinsam zu der Auffassung, sich Unterstützung holen zu wollen.

Problemanalyse

Ungünstige Rahmenbedingungen wie die Dreifachbelastung Frau H.s durch Hausarbeit, Erziehungsaufgaben und Beruf, die Überlastung Herrn H.s durch seinen Beruf und die wiederkehrende Überfrachtung der Wochenenden mit fußballbezogenen Aktivitäten lassen selten einen Freiraum entstehen, in dem sich eine intime, erotische Atmosphäre aufbauen könnte. Selbst unter günstigeren Rahmenbedingungen, von Ausnahmen einmal abgesehen, liegt die Initiative in Herrn H.s Händen. Frau H. kann sich durchaus, wenn sie keine Annäherung wünscht, gut abgrenzen, bekommt jedoch bei zu häufiger Ablehnung Schuldgefühle. Lässt sie sich dennoch auf einen sexuellen Kontakt ein, so ist die Wahrscheinlichkeit groß, dass sie nichts fühlt. Manchmal »bemüht« sie sich auch, um ihre Schuldgefühle unter Kontrolle zu bekommen. Herr H. seinerseits ist sehr verunsichert, ob ihn seine Frau noch begehrt, und fragt sich, ob er etwas falsch macht bzw. was er tun müsste, um das Begehren seiner Frau zu wecken. Frau H. versichert, dass sie nach wie vor ihren Mann begehrt, und findet auch, dass er nichts falsch macht. Allerdings weiß sie auch nicht recht, was sie tun kann, um Lust zu bekommen, außer sich manchmal von der Lust ihres Mannes anstecken zu lassen. Sie hat auch keine Idee, was sie tun könnte, um ihre Erregung so lange aufrechtzuerhalten, bis sie zu einem Orgasmus kommt.
Im Zusammenleben von Herrn und Frau H. fällt auf, wie wenig sie ihr Zusammenleben als Paar pflegen. Die Freizeit-

aktivitäten der Kinder und die Arbeit stehen deutlich im Vordergrund. Es gibt bis auf das abendliche Zusammensitzen und Gespräch, dessen Qualität aus Sicht Frau H.s zum Teil durch die einseitige Arbeitsbezogenheit ihres Mannes und seiner Angespanntheit beeinträchtigt wird, keine positiven Paarrituale (Beziehungspflege). Darüber hinaus »pflegt« Frau H. auch ihre »sexuelle Lust« nicht, indem sie sich z.B. über sexuelle Reize (äußere und innere), die ihre Ansprechbarkeit fördern könnten, Gedanken macht, diese in den Alltag einbaut und gegebenenfalls ihren Partner daran partizipieren lässt.

Therapieziele

- Reduktion von Arbeitsbelastung,
- Aufbau positiver Paarrituale,
- Frau H.: verbesserte Wahrnehmung erotischer Anreize (intern, z.B. sexuelle Phantasien, körperliche Empfindungen; extern, z.B. als attraktiv empfundene Merkmale des Partners oder anderer Männer),
- »Sensate Focus«: Aufbau einer Alltagssexualität ohne Druck.

Therapieverlauf

Zu Beginn der Therapie erarbeiteten wir die Zusammenhänge zwischen der Arbeitsüberlastung und den direkten und indirekten Folgen für die Beziehung (Müdigkeit, allgemeine Lustlosigkeit, erhöhte Reizbarkeit, Mangel an Freude usw.). Herrn und Frau H. wurde bewusst, wie wenig Raum und Energie sie ihrer Beziehung widmeten, ungeachtet dessen, dass jeder natürlich gute Gründe für die Wichtigkeit seiner Arbeit benennen konnte. Es wurde weiterhin deutlich, dass sie beide »zu viel wollten« (interessante Arbeit, berufliches

Prestige sowie eine Familie, Raum für individuelle Interessen und eine gute Paarbeziehung). Der »Zeitkuchen« machte dies offensichtlich: In einen Kreis werden hierbei die täglichen Aktivitäten, je nachdem, wie viel Zeit sie beanspruchen, in mehr oder weniger große »Kuchenstücke« eingeteilt. Danach wird gemeinsam ein idealer Zeitkuchen ausgearbeitet. Herr und Frau H. entschieden sich, für ihre Beziehung wöchentlich einen freien Abend und am Wochenende zwei bis drei Stunden für gemeinsamen Sport zu beanspruchen.
Darüber hinaus besprachen wir, wie sie sich im Alltag aufmerksamer begegnen könnten, und nahmen u.a. auch Bezug auf die Anfangszeit der Beziehung. Beiden fiel eine Reihe von Möglichkeiten ein: kleine Geschenke, Partnermassagen, Briefe, sich gegenseitig etwas vorlesen, den anderen mit einer Einladung überraschen, den anderen mit Streicheln verwöhnen usw. Frau H. wünschte sich außerdem eine Modifikation des abendlichen Gesprächs, das beide beibehalten wollten. Herr H. sollte weniger von den Aufgaben und Problemen sprechen (Sachorientierung), die er zu bewältigen hatte, sondern mehr darüber, wie es ihm ergangen war (Erlebnisorientierung). Er erklärte sich damit einverstanden, wollte sich aber weiterhin die Freiheit nehmen, von seinem Beruf, der ihm sehr wichtig war und der ihm auch nachging, zu berichten. Unterstützend experimentierte er beim Erzählen mit den Satzanfängen »Heute habe ich ... gemacht, und dabei erging es mir ...«.
Die nächsten drei Sitzungen fanden mit Frau H. alleine statt. Das übergeordnete Ziel in diesem Therapieabschnitt war, sich auf die Entdeckungsreise nach ihrer sexuellen Ansprechbarkeit, zuerst einmal unabhängig vom Partner, zu machen und sich dabei auch zu erlauben, unbefangen Blicke »über den Zaun« zu wagen. Schwerpunktmäßig ging es um

die Frage nach internen und externen erotischen Stimuli. Im ersten Schritt erhielt Frau H. Informationen über die Zusammenhänge von Monatszyklus und sexueller Ansprechbarkeit (siehe *Sexuelle Rhythmen*). Da sie kein hormonelles Verhütungsmittel einnahm, war es sinnvoll, den Protokollbogen zur Selbstbeobachtung einzusetzen, um herauszufinden, ob ihre sexuelle Ansprechbarkeit gleich bleibend bei null lag (wie sie glaubte) oder Schwankungen aufwies. Ebenso besprachen wir die Bedeutung der Selbstbefriedigung und der sexuellen Phantasien. Frau H. befriedigte sich vielleicht zweimal im Monat unter Zuhilfenahme bestimmter erotischer Bücher und Magazine selbst. Sie wollte dies jedoch ihrem Mann nicht mitteilen, da sie hierbei »verbotene Phantasien« entwickelte, die von Vergewaltigung und Sex mit zwei Männern handelten. Für sie stand fest, dass sie diese Phantasien nicht in die Tat umsetzen wollte, sondern dass ihr Reiz im Verbotenen und Heimlichen selbst bestand. Dennoch berichtete sie von »Anflügen« dieser Phantasien, wenn ihr bestimmte Männer in Lederjacken und -hosen begegneten und sie sich diese Männer als wild, rau und roh vorstellte. In dieser Phantasiewelt sah sie sich als zunächst widerspenstige und starke Frau, die sich dann aber der männlichen Übermacht beugt.

Wir arbeiteten heraus, dass das Verbergen dieser wichtigen Phantasien auch bedeutete, ihrem Mann wichtige Seiten von sich vorzuenthalten, wobei sie noch nie überprüft hatte, wie er darüber dachte. Daraufhin entschloss sich Frau H., Teile preiszugeben.

Entgegen ihrer Erwartung war Herr H. nicht schockiert, sondern erstaunt und erleichtert. Er sah darin auch für sich eine Chance, seinen heftigeren Emotionen freieren Lauf zu lassen.

Nach vier Wochen berichtete Frau H. erstmals aus ihrem Protokoll: Nach Abklingen der Menstruation fühlte sie sich körperlich ausgesprochen gut. Die Schulter-Nacken-Verspannungen, die häufiger auch in Spannungskopfschmerz mündeten, waren wie weggeblasen. Sie fühlte sich einige Tage sehr leistungsfähig und optimistisch. In diese Zeit fällt auch eine sexuelle Begegnung mit ihrem Mann, die sie zwar nicht initiiert hatte, der sie aber auch nicht abgeneigt war. Um die Zeit des Eisprungs herum hatte sie zwei sexuelle Träume, ohne jedoch daraus Handlungsimpulse zu beziehen. In der zweiten Hälfte des Zyklus traten Verstopfungen auf, die gelegentlich einmal vorkamen. Auch gab es zwei Tage, an denen sie sich grundlos schlapp und depressiv fühlte. Nachdem sie in den therapeutischen Gesprächen quasi »die Erlaubnis bekommen« hatte, ihre Phantasien umzusetzen, wurde sie aktiv und verführte ihren Mann. Frau H. war sich nicht sicher, ob ihre sexuelle Ansprechbarkeit eine Folge der »Hormone«, der Therapie oder anderer Faktoren war. Sie wollte jedenfalls das Protokoll weiterhin führen, weil es ihr half, bewusster mit sich selbst umzugehen.

Exkurs: Paartherapie sexueller Störungen

Das ursprüngliche Konzept der Sexualtherapie wurde von William Masters und Virginia Johnson entwickelt und von verschiedenen Autoren – hier beziehe ich mich auf Gunter Schmidt und Gerd Arentewicz (1980) – modifiziert.

In einem schrittweisen Vorgehen sollen neue Verhaltensweisen eingeübt sowie indirekt positives Denken und Fühlen hervorgerufen werden. Mit »Sensate Focus« bezeichneten Masters und Johnson Streichelübungen, die aufeinander aufbauend zum Koitus hinführen. Voraussetzung für die Durchführung ist ein vorläufiges Koitusverbot, das verhindern soll, dass das Paar seine alten Fehler fortsetzt. Wenn ein Paar übt, hält es die Reihenfolge ein und beginnt immer mit der Übung *Streicheln I*.

Therapieabschnitt	**Übungen/Hausaufgaben**
Streicheln I	Vier Übungen als Hausaufgabe: • Partner A streichelt B auf Körpervorderseite ca. fünf Minuten lang. • Wechsel • Partner A streichelt B auf Körperrückseite ca. fünf Minuten lang. • Wechsel (Brüste und Genitalien werden ausgespart.)
Streicheln II	Gleiche Vorgehensweise wie bei *Streicheln I*, wobei jetzt Brüste und Genitalien mit einbezogen werden.
Erkundendes Streicheln	Streicheln I und II: Die Partner geben jeweils an, ob sie das Streicheln mögen und wie sie es am liebsten haben.
Stimulierendes Streicheln im Genitalbereich	Streicheln I und II: Erregung soll aufgebaut werden und wieder abklingen.
Einführen des Penis ohne Bewegungen	Streicheln I und II sowie stimulierendes Streicheln: Der Mann legt sich auf den Rücken, die Frau befindet sich in Hockstellung über ihrem Partner und führt den Penis langsam ein.
Koitus mit erkundenden und stimulierenden Bewegungen	Streicheln I und II sowie stimulierendes Streicheln: Experimentieren mit verschiedenen Beckenbewegungen.
Koitus in verschiedenen Stellungen	Z.B. Seiten- oder Bauchlage der Frau.

Die Paartherapie sexueller Störungen von Frau und Herrn H. fand vierzehntägig statt, sodass sie mit einer Übung sechs- bis achtmal experimentierten. Inhaltlich orientierten wir uns an dem beschriebenen Leitfaden, ergänzten ihn aber noch um einige Interventionen. Zunächst kombinierten wir das Streicheln mit einer Riechübung. Die gestreichelten Körperteile sollten im Anschluss daran berochen werden. Frau H. machte zwei wichtige Erfahrungen: Es war für sie eine Erleichterung, den aktiven Part per Hausaufgabe zugeteilt zu bekommen. Dies »zwang« sie, sich wirklich darauf einzulassen und nicht nur in der Zuschauerinnenrolle verharrend darauf zu warten, bis vielleicht Lust und Erregung aufkamen. Zudem fand sie das Riechen »interessant«, sie hatte bislang ihren Mann nicht sehr »ausgiebig und systematisch beschnuppert«. Ihrer Aussage nach war es auf eine etwas fremdartige Weise genussvoll und bewirkte nicht direkt Lust, sondern bereitete eher den Boden zur Lustentfaltung. Herr H. genoss beide Stufen, das Berühren und Berührtwerden wie das Riechen und Berochenwerden gleichermaßen, wobei er sich auch in der passiven Rolle, die bisher zu kurz gekommen war, durchaus sehr wohl fühlte. Beim erkundenden Streicheln wurde Frau H. bewusster, dass sie neben den sanften Berührungen auch festes, hartes Kneten mochte, und zwar sowohl passiv als auch aktiv, was ihren widerspenstigen, aggressiven Seiten entsprach.

Herr H. fand es wiederholt schwer, sehr erregt zu sein (beim stimulierenden Streicheln), ohne die Erregung bis zum Orgasmus auszuleben, woraufhin er einmal seine Frau dazu »überredete«, mit ihm zu schlafen, was beide sehr genossen. Außerdem war er der Meinung, dass er in den vergangenen Jahren seine Frustrationstoleranz oft genug hatte trainieren müssen. Aus der Überlegung heraus, dass Frau H. viel von der klaren Rollenstrukturierung und dem schrittweisen Ausprobieren profitierte, erklärte er sich jedoch weiterhin damit einverstanden, den Fahrplan einzuhalten. Allerdings führten wir an dieser Stelle eine neue Übung ein, angeregt durch Frau H.s Phantasie des Raufens und Kämpfens. Beide sollten bis an die Grenzen ihrer körperlichen Kräfte gehen, um zu »gewinnen«: Beißen, Petzen, Kratzen, ohne allerdings den anderen zu verletzen, waren erlaubt, ebenso lautes Stöhnen und Schreien. Sie berichteten übereinstimmend, wie auf- und erregend sie diese Übung fanden und welch spielerischer Charakter plötzlich in ihre Sexualität hineingekommen war.

Beide wollten dann die Übung *Einführen des Penis ohne Bewegungen* überspringen, sodass sie mit erkundenden und stimulierenden Bewegungen beim Koitus Erfahrungen sammeln konnten. Frau H. übernahm auf eigenen Wunsch häufiger die aktive Rolle, nachdem sie früher oft die Erfahrung gemacht hatte, wie bequem und »abtörnend« zugleich die passive Rolle sein kann. Experimente mit den Kegel-Übungen (siehe *Die Bedeutung der Beckenbodenmuskulatur*) zeigten ihr, wie aktiv sie mit dem PC-Muskel während des Koitus »spielen« konnte und wie sie den Ablauf des Ganzen dadurch mitsteuern konnte. Ebenso ermunterte ich sie, verschiedene Stellungen auszuprobieren und ihre Vorlieben kundzutun.

Exkurs: Gerüche – »Botenstoffe der Liebe«

Auf dem langen Weg der Zivilisation haben Menschen neben dem aufrechten Gang auch die Kultivierung der Triebe und der Sinne erlernt, das Nasen- wurde zum Augentier. Anders als in der Tierwelt spielt bei Menschen der Geruch eine wesentlich geringere Rolle. Dennoch weisen neuere Forschungsergebnisse darauf hin, dass die Bedeutung des Geruchs für die menschliche Fortpflanzung und Sexualität weit unterschätzt wurde. Wenn wir in den »Dunstkreis« einer Person eintreten, ist unser Urteil – viel mehr noch, als es über die Augen geschieht – unmittelbar gefühlsmäßig geprägt. Die Verarbeitung von Geruchseindrücken geschieht im limbischen System, einem stammesgeschichtlich sehr alten Teil des Gehirns, wo auch die Emotionen und die Triebe ihren Sitz haben. Die Wahrnehmung von Körperdüften kann dabei sowohl bewusst als auch unbewusst erfolgen, manche Reaktionen auf die Duftwahrnehmungen sind willentlich nicht steuerbar. So hat Martha McClintock Ende der sechziger Jahre die Synchronizität der Menstruationszyklen von Studentinnen, die denselben Schlafsaal teilten, entdeckt. Anthropologen hatten dieses Phänomen bereits in Eingeborenenkulturen beobachtet, wo sich Frauen während der Menstruation – es menstruierten immer alle Frauen eines Stammes zur gleichen Zeit – in Frauenhäusern absonderten. Ein zweites Beispiel demonstriert die eindrucksvolle Wirkung von männlichem Achselschweiß: Weibliche Versuchsprobandinnen mit einem unregelmäßigen Monatszyklus, denen männlicher Achselschweiß auf die Oberlippe gerieben wurde, kamen binnen weniger Wochen zu einem regelmäßigen Zyklus und somit auch zu einer verbesserten Fortpflanzungsfähigkeit. 1986 bewies die Wissenschaftlerin Winnifred Cutler in aufwendigen Experimenten, dass Duftstoffe, so genannte Pheromone, als Botenstoffe von Frau zu Frau bzw. von Mann zu Frau übertragen werden und zu einem normalen Zyklus führen. Interessanterweise können Menschen über zwei Aufnahmeorgane riechen: Bestimmte Gerüche können über das Riechepithel in der Nase, andere

– selbst bestimmte geruchlose Substanzen – über das Vomeronasalorgan (VNO), ein ein Zentimeter langes Organ auf beiden Seiten der Nasenscheidewand, wahrgenommen werden. Dies bedeutet, dass das VNO bestimmte Pheromone aufnehmen kann, ohne dass wir dies bewusst wahrnehmen und erfassen können.

Wie beeinflussen nun der Körpergeruch und der Geruchssinn selbst die Sexualität?

Diese spannende Frage kann beim derzeitigen Stand der wissenschaftlichen Forschung leider noch nicht hinreichend beantwortet werden. Winnifred Cutler spekuliert, dass Pheromone von Frauen (die im Übrigen im Gegensatz zu männlichen Pheromonen größere Distanzen überwinden können) auf andere Frauen sexuell in der Form anregend wirken, dass sie mehr Appetit auf Geschlechtsverkehr entwickeln. Diese Annahme leitet sie allerdings lediglich indirekt aus ihrem Datenmaterial ab, ohne hierzu gezielte Untersuchungen durchgeführt zu haben.

Dennoch deuten einige Erkenntnisse über die Zusammenhänge von Geruch und Sexualität darauf hin, dass man bereits jetzt Schlussfolgerungen für die Praxis der Sexualtherapie ziehen kann:

In einer Untersuchung (Ebberfeld, 1998) gaben die meisten Befragten (76,4 %) an, durch Körperdüfte erotisierbar zu sein. Davon wiederum bevorzugte knapp die eine Hälfte Körpergeruch ohne Parfüm, die andere Körpergeruch mit Parfüm. Ein Drittel der Befragten fand sowohl den Intimgeruch als auch den Geruch nach dem Geschlechtsverkehr stimulierend, etwa ein Viertel den Achsel- und Brustgeruch, etwas weniger Befragte den Atemgeruch. Der Geruch des Afters wurde nur von knapp vier Prozent als sexuell anregend bewertet. Männer haben jedoch eine viel größere Vorliebe für den Intimgeruch als Frauen, während beide, Männer und Frauen, beim Intimgeruch die Duftnote »frisch gewaschen« dem Eigengeruch vorziehen.

Darüber hinaus wirkt auch der eigene Geruch bei sexueller Erregung stimulierend, wie auch der in Kleidern oder einer Haarlocke konservierte Körperduft. Nicht von ungefähr sammeln (und kaufen) Geruchsfetischisten Kleidungsstücke. Die Duftdrüsen sind im Übrigen am stärksten unter der Achsel, in der Lendenregion und um den After herum ausgebildet, weniger dagegen am Warzenhof, dem Nabel und dem haarigen Teil der Brust. Ebenso gibt es Duftdrüsen auf der Kopfhaut, dem Ohr, dem Augenlid und der Wange. Charakteristisch für den Körpergeruch einer Person ist zwar ihre ganz individuelle Duftmarke, dennoch unterliegt sie gewissen Variationen, abhängig u.a. vom Monatszyklus, von der Nahrung, dem Alter, Stress. Je nach Zeitpunkt riechen wir also um Nuancen verschieden, und ein Riecher könnte sich in einem Paradies der Düfte wähnen, müssten wir uns nicht als ungeübte Riecher mit den 30 Düften zufrieden geben, die wir spontan wahrnehmen können. Tatsächlich wären wir dank unserer biologischen Ausstattung in der Lage, ca. 10 000 Gerüche zu unterscheiden. Aber selbst ein regelmäßig trainierter Parfümeur – und die Sensibilisierung unseres Geruchssinns braucht Übung – verfügt nur über 3000 Geruchswahrnehmungen.

Sowohl die hohe Zahl der Befragten, die Körpergerüche sexuell stimulierend finden, als auch die Tatsache, dass wir unseren Riechsinn wenig kultiviert haben, legen den Schluss nahe, Schnupperübungen als Bausteine in die Sexualtherapie mit aufzunehmen. Sie können als »Appetizer« bei Luststörungen, zur Erregungssteigerung und zur Genussschulung bei Paaren und Einzelpersonen eingesetzt werden.

Für bestimmte Menschen ist Sexualität sogar nur in Verbindung mit bestimmten Gerüchen, wie sie z.B. Leder-, Latex- und Gummikleidung oder Kot und Urin verströmen, möglich. Geruchsfetischismus nennt sich dieses Phänomen, das einem bestimmten Geruch, meist biographisch begründet, eine überwertige Bedeutung zukommen lässt. Naturgerüche, die sexuell stimulierend wirken, kennen viele Menschen. Daraufhin befragt, wird ein breites Geruchsspektrum genannt, vom Duft des Meeres, des Frühlings, der Sonne bis zum Duft von Wiesen, Regen, Holz oder Blumen. Außerdem: Kaffee, Tabak, Sonnenöl, Metalle, Ölfarben usw. Außergewöhnliche Erfahrungen in einer entsprechenden Umgebung können prägend wirken. Im Übrigen können Geruchsbestandteile menschlicher Sekrete, die sich aus mehreren hundert Duftbestandteilen zusammensetzen, mit Duftspuren bestimmter Pflanzen assoziiert werden. Der Grund besteht darin, dass menschliche Sekrete und bestimmte Pflanzen (Erdbeeren, Kakao, Kaffee, Tabak usw.) chemisch ähnliche Bestandteile aufweisen.

Bei der Kreation eines Parfüms macht man sich Pflanzen- und Tiergerüche, die an die menschlichen Körpersekretgerüche erinnern, zunutze. Orangenblüten, Jasmin und Flieder beinhalten Indol, einen Stoff, den auch der menschliche Kot enthält. Tiergerüche wie Zibet (entströmt den Drüsen zwischen After und Geschlecht bei der Zibetkatze), Moschus (kommt aus den Drüsenausgängen an der Vorhaut des männlichen Moschustieres) oder Ambra (entströmt aus dem Darm des Wals) setzen sich aus Stoffen zusammen, die sich auch im menschlichen Kot, Urin und Schweiß wieder finden. Diese Duftbestandteile dürfen bei dem Parfüm höchstens eine Spur ihrer animalischen Herkunft erahnen lassen. Man soll sie riechen können, aber nur so weit, dass man ihre Herkunft nicht errät.

Die Wirkung dieser tierischen Düfte und pflanzlichen Essenzen wird seit jeher im Liebesspiel als verführerisches Aphrodisiakum benutzt. Sie verdienen in der Sexualtherapie in Form von Duftölen, Duftkerzen, Parfüms, Badezusätzen, in der Nahrung, um nur einige Beispiele zu nennen, durchaus ihren Platz.

Einzeltherapie bei ausbleibendem Orgasmus

Fallvignette

Frau W., 50 Jahre alt, Übersetzerin, in Trennung lebend, kinderlos, kommt in Psychotherapie, nachdem sie ihren sexuellen Problemen maßgeblichen Einfluss auf das Scheitern einer Beziehung einräumt. Aus Angst vor einer Wiederholung in einer neuen Partnerschaft möchte sie vorbeugend handeln. Sexualität, so Frau W., habe innerhalb ihrer Ehe für beide Partner einen hohen Stellenwert gehabt. Sie hätten viel ausprobiert, in das sexuelle Repertoire erotische Stimulanzien wie Filme, Bildmaterial, spezielle Wäsche usw. aufgenommen. Auf ihren Wunsch hin hätten sie auch mit Bonding (Fesseln) experimentiert, da sie bestimmte sexuelle Phantasien habe umsetzen wollen. Ihre zentrale Phantasie sei, von einem außergewöhnlich attraktiven jungen Mann verführt, gefesselt und nach allen Regeln der Kunst stimuliert zu werden, wobei sie jedoch nie die Kontrolle verliere und einen Orgasmus erlebe. Auch in der Realität sei sie noch nie zum Orgasmus gekommen, was sie als sehr unbefriedigend erlebe. Unbedingt einen Orgasmus erleben zu wollen sei zu einer fixen Idee geworden, wodurch sich ihr Mann unter Druck gesetzt gefühlt habe. Im Laufe der Jahre, nachdem er alles ausprobiert hatte, habe er resigniert, habe sich sexuell von ihr zurückgezogen, da er ihre Orgasmusunfähigkeit als ein persönliches Scheitern erlebt habe, was sich schließlich auch in einem »angekratzten« Selbstbewusstsein als Mann und schlussendlich in Erektionsproblemen niedergeschlagen habe. Sie habe ihn zwar immer wieder zu beruhigen versucht und das Problem, nicht »loslassen zu können«, bei sich selbst gesehen, auch die Bedeutung des Orgasmus heruntergespielt, dennoch sei Sexualität zum zentralen neuralgischen Punkt der Beziehung geworden. In den letzten Jahren habe auch keinerlei zärtlicher Körperkontakt stattgefunden, die Stimmung sei oft gereizt gewesen und sie hätten nur noch wenig miteinander gesprochen. Sie sei sogar erleichtert gewesen, als ihr Mann sich in eine andere Frau verliebt und sich schließlich getrennt habe. Derzeit empfinde sie starke Sympathie für einen Tennispartner, der sich kürzlich von seiner Frau getrennt habe.

Problemanalyse

Frau W.s »sportliche Natur« spiegelt sich in ihren Körperhaltungen und ihren Bewegungen wider. Ihr Körpertonus ist deutlich angespannt, sie geht sehr aufrecht und kraftbetont, wirkt dabei männlich, obwohl sie eine sehr weibliche Figur hat. Auch bei sexueller Erregung steht Frau W. unter hoher Muskelanspannung des ganzen Körpers, besonders Bauch, Oberschenkel und Po sind davon betroffen. Frau W. beklagt bei fortgeschrittener Erregung eine Berührungsüberempfindlichkeit der Klitoris, Berührungen führten augenblicklich zu einer Überreizung. Beim Eindringen und während des Koitus ist die Scheidenmuskulatur unan-

genehm stark angespannt und lockert sich erst allmählich. Zu diesem Zeitpunkt hofft sie auf einen erlösenden Orgasmus und fürchtet gleichzeitig dessen Ausbleiben.
Dieses Dilemma spiegelt sich auch in ihren Gedanken wider: »Ich möchte unbedingt einen Orgasmus, aber ich fürchte mich auch davor. Wird er mich überwältigen? Bin ich danach noch ich? Liefere ich mich aus?« Frau W.s Gedanken, so wird hier offensichtlich, sind mit übertriebenen Befürchtungen überfrachtet, die im Bezugsrahmen ehelicher Sexualität keinen Sinn zu ergeben scheinen. Vielmehr stellt sich hier die Frage, aus welchem (biographischen) Kontext heraus diese Befürchtungen erwachsen. (Wir werden darauf zurückkommen.) Frau W. versuchte bislang, das Dilemma ihrer widerstreitenden Impulse zu lösen, indem sie den Partner dazu aufforderte, einen Orgasmus durch vermehrte Stimulation der Klitoris (direkt oder indirekt, sanft oder kräftig) herbeizuführen. Oder sie streichelte sich selbst, wie bereits erwähnt, immer »erfolglos«. Erfolglos war Frau W. hinsichtlich des Wunsches, in den Genuss eines Orgasmus zu kommen. Erfolgreich hingegen war sie bei der Abwendung orgasmusbezogener Befürchtungen. Warum aber war das Ereignis des Orgasmus an solche Befürchtungen (überwältigt zu werden, sich auszuliefern, ihr Ich zu verlieren) gekoppelt? Wieso interpretiert sie das Sichhingeben in einer Beziehung als Bedrohung?
Frau W. wuchs als einziges Kind ihrer Eltern auf, nachdem zwei Jahre zuvor der erstgeborene Junge kurz nach der Geburt verstorben war. Bei der zweiten Geburt wünschten sich die Eltern wieder einen Jungen, mussten sich dann aber mit der Tochter »zufrieden geben«. Auf Kinderfotos ist Frau W. immer mit Bubikopf und Hosen abgebildet. Die Eltern nannten sie einen »Wildfang«, und sie war stolz darauf, als

indianischer Krieger gefürchtet zu sein. Spätestens in der Pubertät engten sich die Rollenspiele ein, sie konnte aufgrund ihrer körperlichen Entwicklung ihr Geschlecht nicht mehr leugnen, was sie als sehr deprimierend empfand. Nachdem sie aber angefangen hatte, Karate zu lernen, und darin erfolgreich war, konnte sie sich mit der Frauenrolle anfreunden.

Es war ihr allerdings immer sehr wichtig, die Oberhand zu behalten, stark zu sein, körperlich und psychisch. Frau W. spürte unbewusst, welche Erwartungen die Eltern an sie hatten, und versuchte diese trotz ihres »unerwünschten« Geschlechts, so gut sie konnte, zu erfüllen. Sich beim Orgasmus hinzugeben bedeutete in diesem Kontext, die Eltern zu enttäuschen, denn »man lässt sich nicht überwältigen und liefert sich nicht aus«. Sich abzulösen hieße, sich aus der Tradition der Eltern zu entfernen, die männlichen Rollenzuschreibungen, die ihr als Mädchen galten, in Frage zu stellen, möglicherweise um den Preis, sich nicht mehr geliebt zu fühlen. Ferner würde das für ihre Identitätsentwicklung so bedeutsame Thema der nicht abgeschlossenen Trauer der Eltern über den Tod des Bruders aktualisiert.

Therapieziele und Therapiebausteine

- Gemeinsame Verhaltensanalyse des Orgasmusproblems, um Frau W. seine verschiedenen Facetten und Ebenen deutlich zu machen.
- Förderung der gesamtkörperlichen Entspannung durch Erlernen der Progressiven Muskelrelaxation nach Edward Jacobson. Entspannung der Beckenbodenmuskulatur durch Kegel-Übungen.

- Entwicklung eines Bewusstseins dafür, wie die biographische Dimension von Kontrolle sich im Orgasmusproblem widerspiegelt.
- Biographisch orientierte Bearbeitung des Themas weiblicher Identität.
- Selbstbeobachtung hinsichtlich der Selbstkontrolle während einer sexuellen Situation. Körperliche Anspannung abbauen, kognitive Kontrolle lockern. Erregung kommen und gehen lassen.

Therapieverlauf

Die Verhaltensanalyse ist eine zentrale Methode der Verhaltenstherapie, um eine problematische Situation besser verstehen zu können: Vorausgehende, entweder von außen oder von innen kommende Auslöser rufen eine problematische Reaktion hervor. Diese Reaktion soll im Folgenden in ihren vier Modalitäten (Gedanken, Gefühle, körperliche Empfindungen und Verhalten) beschrieben werden. Schließlich werden die nachfolgenden kurz- oder langfristigen Konsequenzen analysiert, die sowohl negativ als auch positiv sein können. Als positive Konsequenz würde dabei auch der Wegfall oder das Ausbleiben negativer Folgen beschrieben. Was jetzt noch abstrakt klingt, wird am Beispiel von Frau W.s Orgasmusproblem gleich konkreter und verständlicher.
Unter Zuhilfenahme eines großen Papierbogens definieren wir zunächst die problematische Reaktion, in diesem Falle das Ausbleiben des Orgasmus, in ihren vier Modalitäten.

Auslöser	Reaktion	Konsequenzen
Innere Auslöser (Gedanken, Gefühle, körperliche Empfindungen usw.): • »Ich habe Angst, dass ich wieder enttäuscht werde und keinen Orgasmus bekomme.« • »Ich weiß, dass ich keinen Orgasmus haben werde, warum soll es jetzt anders sein?« • Erhöhte muskuläre Anspannung. **Äußere Auslöser:** • Unausgesprochene Beziehungskonflikte mit dem früheren Partner. • Alltagsbelastungen	**Körper:** • Starke Muskelanspannung am ganzen Körper, besonders an Bauch, Oberschenkel, Po. • Starke Muskelanspannung am Scheideneingang und in der Scheide. • Überempfindlichkeit der Klitoris. **Gefühle:** • Angst vor Enttäuschung. • Hoffnung • Angst vor den mit dem Orgasmus verbundenen Gefühlen. **Gedanken:** • »Ich will unbedingt einen Orgasmus.« • »Wenn ich unbedingt einen Orgasmus haben will, verkrampfe ich mich und kriege erst recht keinen.« • »Ich muss mich entspannen.« • »Ich muss mich hingeben.« • »Ich will aber nicht unkontrolliert reagieren.« • »Ich will Herr über mich bleiben.«	**Kurzfristige Konsequenzen:** negativ: • Enttäuschung, Wut auf sich selbst, Verzweiflung. • »Ich hab's ja gewusst, ich bin nicht hingabefähig.« • »Vielleicht macht ja mein Mann etwas falsch. Vielleicht geht es mit einem anderen Mann?« • Starke Muskelanspannung, die nur allmählich abklingt. positiv: • Angst machende Gefühle (sich ausgeliefert und überwältigt fühlen) treten nicht auf. • Bestätigung, dass sie »Herr über sich geblieben ist«. **Langfristige Konsequenzen:** negativ: • Beziehungsprobleme mit dem Ehepartner, Krisen, Trennung, Scheidung. • Selbstwertproblematik: »Bin ich eine richtige Frau?«

Auslöser	Reaktion	Konsequenzen
	Verhalten: • Stimulierung intensivieren. • Sexuelle Stimulanzien • Bonding	• Zukunftsängste: »Werde ich mit meinem Problem einen neuen Partner finden?« positiv: • Treue gegenüber den elterlichen Prinzipien der Selbstkontrolle. • Vermeidung der Auseinandersetzung mit der Beziehung zu den Eltern.

Dabei wird Frau W. nochmals sehr deutlich, dass unter der hohen Muskelanspannung das Wechselspiel zwischen erregter An- und genussvoller Entspannung nicht erfolgen kann. Zwar kann sie eine gesamtkörperliche Entspannung nach dem Sport, wenn sie erschöpft ist, erreichen, auch Lesen und Fernsehen entspannen sie. Doch sobald sie in Situationen kommt, die sie emotional sehr berühren, die sie ängstigen oder in denen sie sich wehren und durchsetzen muss, spannt sie sich an, und alte Handlungsstrategien wie kämpfen, die Kontrolle behalten usw. treten auf den Plan. Dann stehen ihr keine Entspannungsmöglichkeiten zur Verfügung. Aus diesen Überlegungen heraus schlage ich Frau W. vor, das Muskelentspannungstraining nach Jacobson per Kassette zu erlernen. Des Weiteren beginnen wir mit dem PC-Muskeltraining (siehe *Die Bedeutung der Beckenbodenmuskulatur*), damit Frau W. ein Gefühl dafür entwickeln kann, wie sich ein entspannter Beckenboden anfühlt, und um diese Entspannung schließlich auch in einer sexuellen Begegnung einsetzen zu können.

Aus der bisherigen Verhaltensanalyse wird weiterhin ein problematischer Umgang mit den Gedanken deutlich, die bei hoher Erregung auftreten. Frau W. setzt sich sehr unter Druck, sich zu entspannen und sich hinzugeben. Sie zieht in Zweifel, ob sie eine richtige Frau ist, bestraft sich also noch mit einer negativen Zuschreibung. Ferner instruiert sie sich, sich gerade nicht ungehindert gehen zu lassen, und bringt sich damit in ein Dilemma: Egal wie sie reagiert, sie kann nie mit sich in Einklang sein. Frau W. erhält daraufhin die Aufgabe, die alten Gedanken durch wahre, angemessene und im Grundton positive Gedanken zu ersetzen: »Wenn ich keinen Orgasmus bekomme, versuche ich die Erregung zu genießen.« »Niemand sagt, dass ich einen Orgasmus haben muss.« »Ich bin eine begehrens- und liebenswerte Frau.« »Einen Orgasmus zu bekommen verunsichert mich zur Zeit zu sehr. Ich will herausfinden, woran das liegt.«

Für Frau W. waren diese neuen Sätze sehr entlastend, und sie erlaubten ihr, sich nicht ständig ihr Defizit vor Augen halten zu müssen, sondern ihre Lust und Erregung zu genießen. In diesem Zusammenhang konnte sie auch den Gebrauch von erotischen Filmen, von bestimmter Wäsche und dem Bonding als den Versuch verstehen, ihre Erregung derart zu steigern, dass ein Orgasmus »zwangsläufig« eintreten musste. Diese Stimulanzien im Dienste des Orgasmus wurden, derart eingesetzt, von Genuss- zu Druckmitteln degradiert und verloren im Laufe der Therapie an Bedeutung.

Die inneren und äußeren Auslöser der unerwünschten Situation, des ausbleibenden Orgasmus, sind durch Angst machende Gedanken vor einer bevorstehenden Enttäuschung bestimmt (siehe Übersicht S. 172). Frühere unausgesprochene Beziehungskonflikte mit dem Ehemann sowie Anspannungen durch tägliche, auch berufliche Belastungen erhöhten Frau W.s Grundanspannung, was die Wahrscheinlichkeit, einen Orgasmus zu haben, zusätzlich verringerte. Für die späteren Übungen ist es wichtig, der überhöhten Erwartungsangst entgegenzuwirken, die im Sinne einer sich selbst erfüllenden Prophezeiung die erneute Enttäuschung vorprogrammiert. In diesem Falle geschah dies dadurch, dass sich Frau W. erlaubte, sexuelle Erregung auch ohne Orgasmus zu genießen.

Nachdem trotz hoher Erregung der Orgasmus ausgeblieben ist, ist Frau W. verständlicherweise enttäuscht, wütend und unzufrieden (negative Konsequenz). Gleichzeitig könnte man aber auch sagen, dass sie damit ihren inneren Konflikt (auf der einen Seite die Kontrolle zu behalten, auf der anderen Seite sich hinzugeben) zugunsten der Kontrolle gelöst hat und das bedrohliche Gefühl, die Kontrolle zu verlieren, vermeiden kann (positive Konsequenz). Offensichtlich ist die Bestätigung, »Herr über sich geblieben zu sein«, wichtiger als der Genuss eines Orgasmus. Tatsächlich ist der Verzicht auf einen Orgasmus, so merkwürdig es klingen mag, »selbstwertstabilisierend«. Frau W. braucht die Denk-, Fühl- und Verhaltenstraditionen, die ihr Selbstbild prägen, nicht in Zweifel zu ziehen. Durch das Orgasmusproblem hat sich dieser schmerzliche, aber sehr wichtige Prozess bislang »erübrigt«.

Die therapeutischen Gespräche während des Herausarbeitens der Verhaltensanalyse und der aus ihr ableitbaren Konsequenzen bildeten einen wichtigen Baustein in Frau W.s Therapie. Die Hintergründe des scheinbar so klar umrissenen und eng begrenzten Problems wurden ihr allmählich deutlich, und sie konnte sich entschließen, sich einer biographischen Auseinandersetzung zu stellen. Daraus skizziere ich ausschnittweise den Aspekt der Entwicklung der weiblichen

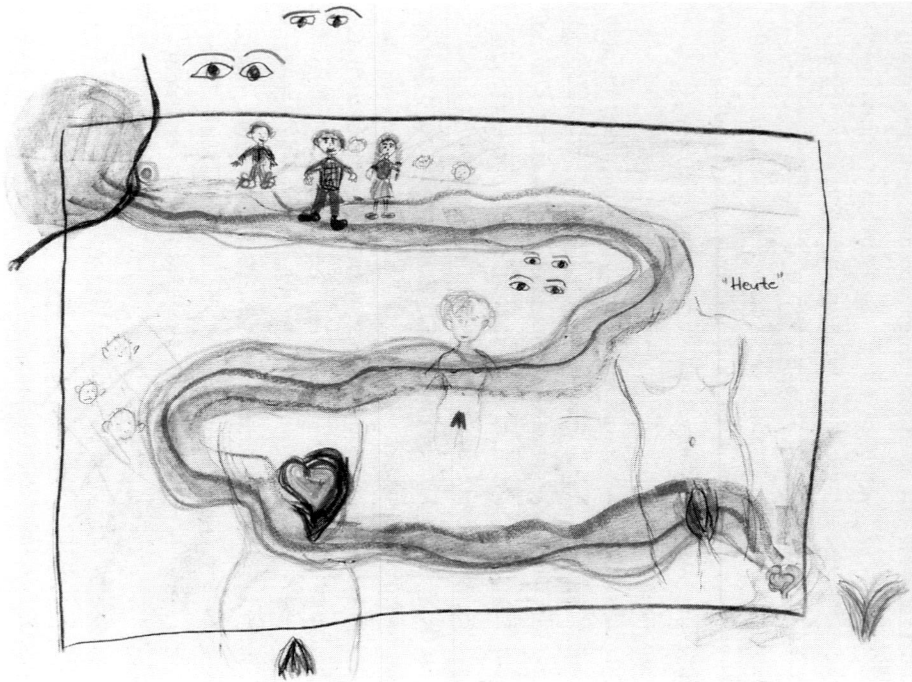

Panorama der weiblichen Entwicklung: Für Frau W. symbolisiert der blaue Strom die Entwicklung ihrer Weiblichkeit über verschiedene Lebensphasen hinweg. Außerhalb des selbst gesteckten Rahmens versinnbildlicht sie ihre Zukunftsvision von mehr Fraulichkeit in Form eines mehrfarbigen Schamdreiecks.

Identität in Zusammenhang mit Kontrolle bzw. Hingabefähigkeit.
Als Wunsch nach Kontrolle definierten wir folgende Gedanken, Gefühle und Verhaltensweisen: die Stärkste sein wollen, sich nichts gefallen lassen, durchsetzungsfähig sein, keine Schwäche zeigen, nicht weinen, Wut statt Tränen. Hingabefähigkeit verband sie mit weich sein, traurig sein dürfen, sich schwach fühlen dürfen, Geborgenheit erleben.
In einem »Panorama der weiblichen Entwicklung« (siehe Seite 176) malte sich Frau W. in verschiedenen Altersstufen. Sie begann damit, einen violetten Rahmen zu malen, »weil das Format zu groß war«. Auffällig ist der häufige Gebrauch der Farbe Blau in verschiedenen Schattierungen. Die Lebensphasen ziehen als blauer Strom von der Geburt, dem von einem hellrosa Kreis umrandeten roten Punkt, bis zu der Körperumrisszeichnung (»Heute«). Vor der Geburt, durch eine schwarze Linie abgetrennt, ist der tote Bruder als blaue Farbwolke symbolisiert, wobei der blaue Strom in der Wolke »entspringt«. Die Augen der Eltern, blau die der Mutter, braun die des Vaters, sehen auf den blauen Strom herab und »beobachten und lenken« ihn. So sind die Kleider des Mädchens und »wahrscheinlich auch der Körper blau«, sollen also nicht nur männlich erscheinen, sondern es auch sein. Die Farbe Rot bzw. Rosa taucht nur bei den Schnürsenkeln bzw. Schuhen auf, denn Frau W. liebte als Mädchen Schuhe, die »anders« waren. Sabine war ihre Kindergartenfreundin mit langen Zöpfen und Kleidern unter ansonsten vielen Jungen. Mit zwölf, dem Eintreten der Menses, brach für Frau W. eine unglückliche Zeit an. Auch hier wieder fühlte sie sich von den Eltern beobachtet, dieses Mal, als seien sie durch die Entwicklung der Tochter befremdet und vielleicht hilflos. Dann kamen Erfahrungen mit Jungen, die

Frau W. als unerheblich bezeichnet: »Das war eine Art Spiel, denn ich konnte mit Jungs, die an mir als Mädchen Interesse hatten, nicht viel anfangen. Ich wollte ein Kumpel sein. In dieser Zeit fragte ich mich manchmal schon, ob mit mir etwas falsch war.« Das bunte Herz in der Brust symbolisiert ihre erste große Liebe, die zu ihrem Mann. Er war auch der Erste, in den sie sich verliebte. Der schwarze Rand des Herzens drückt das Scheitern der Liebe aus. Das kleine Herz am Ende des Stroms ist die Hoffnung auf eine neue Liebe. Während das Schamdreieck in der Körperumrisszeichnung mit dem bunten Herz schwarz und blau gemalt ist, kommt in dem Körperbild »Heute« ein zartes Rosa hinzu. Außerhalb des Rahmens liegend, als Zukunftsvision, besteht das Schamdreieck aus den Farben Blau, Rot und Rosa. Frau W. sagte abschließend zu ihrem Bild: »Der blaue Strom, meine männlichen Seiten wie Selbstkontrolle, Willensstärke und Zielgerichtetheit, sind mehr als gut entwickelt. Jetzt möchte ich meinen fraulichen Seiten eine Chance geben.«
Der »Hintergrund« von Frau W.s Problematik, die in Orgasmusunfähigkeit mündet, ist zu diesem Zeitpunkt in der Therapie in folgenden Punkten klar:

- Es besteht ein Verständnis für die Zusammenhänge von Orgasmusunfähigkeit, Auslöser und Konsequenzen.
- Verschiedene Aspekte (überzogene und widersprüchliche Anforderungen an Orgasmusfähigkeit, die Würdigung der übergeordneten Rolle der Kontroll- gegenüber der Genussfähigkeit) wurden vertieft.
- Die biographische Dimension von Kontrolle ist verständlich.
- Grundlegende Übungen zur körperlichen Entspannung wurden eingeführt.

Jetzt konnte der übungszentrierte Teil der Sexualtherapie beginnen. Wir orientierten uns auch hier an dem »Fahrplan« der Sexualtherapeuten Julia Heiman, Joseph Lo Piccolo und Leslie Lo Piccolo (siehe Exkurs, S. 144), dem wir einzelne Übungseinheiten entnahmen.
Frau W. berichtete, dass sie nach ca. sechs Wochen täglichen Entspannungstrainings und täglich mehrmals durchgeführter Kegel-Übungen sowohl gesamtkörperlich als auch im Bereich des Beckenbodens gut entspannen konnte. Deshalb vereinbarten wir, dass sie zunächst mit Berührungsübungen des Körpers einschließlich der Genitalregion begann (ohne auf einen Orgasmus abzuzielen). Der Beobachtungsfokus lag darauf, die Momente der Anspannung zu identifizieren und mit Entspannungsinstruktionen gegenzusteuern. Frau W. fand zwei entscheidende Auslöser heraus: Immer wenn die körperliche Erregung ca. 30 % (ein Orgasmus entspräche 100 %) überschritt, spannte sie Arme, Beine, Bauch, Po, möglicherweise auch die äußeren Geschlechtsorgane, Schamlippen, Klitoris (was sie nicht genau wahrnehmen konnte) und Scheide an. Diese Anspannung der Muskulatur ist bei erhöhter Erregung ganz normal. Dennoch kommt es zu diesem Zeitpunkt auf die Fähigkeit an, überhöhte Anspannung, die Gefühllosigkeit oder Überreiztheit zur Folge hat, durch Entspannung bzw. durch weniger Stimulation zu regulieren. Frau W. hatte diesen Moment, wenn Erregung in Gefühllosigkeit überging, einfach ignoriert. Entspannung gab ihr die Sensibilität zurück. Der zweite, für Frau W. nicht neue, aber jetzt viel deutlichere Aspekt war der zunehmende Wunsch nach einem Orgasmus, der die körperliche Anspannung derart unangenehm steigerte, dass Frau W. fast starr wurde. Frau W. steuerte mit Selbstinstruktionen (»Die Erregung darf kommen und gehen«) und mit Entspannungsübungen gegen.

Diese Übungen zur Selbstbeobachtung brachten Frau W. zu einer Erkenntnis: Das Spektrum des Erlebens auf der Klaviatur der Erregung wird »auf der Jagd« nach einem Orgasmus verkürzt und eingeengt. Selbst bei hoher Erregung, also wenn der Höhepunkt naht, sind mehr Zwischentöne durch Verlängerung und Verzögerung möglich. Dieses Spektrum zu erforschen und zu genießen empfand sie auch ohne Orgasmus als große Chance.

Im nächsten Schritt ergänzten wir die Übungen durch die Erforschung der Scheide, indem Frau W. die verschiedenen Lustpunkte identifizierte (siehe *Weibliche Lustzonen*). Da sie über die Kegel-Übungen immer wieder recht gut zu einer relativen Entspannung zurückfand, experimentierten wir mit verschiedenen Stimulierungsarten. Dabei war sich Frau W. unsicher, ob sie »etwas Orgasmusähnliches« erlebt hatte, »ein kurzes, überlaufendes Gefühl«, gekoppelt mit Harndrang, wobei sie sich mit dem Mittelfinger am A- oder vielleicht auch G-Punkt, so genau konnte sie das nicht differenzieren, stimuliert hatte. Eine neue sexuelle Phantasie war damit verknüpft, indem sie, weicher und angstfreier als sonst, sich einem liebevollen Mann (dem Tennispartner) hingab, ohne dass sie mit ihm darum kämpfen musste, wer wie den Kurs bestimmte. Frau W. war von diesen neuen Erfahrungen ganz angetan, und es war spürbar, wie sehr sie berührt war. Gleichzeitig hatte sie jetzt das starke Bedürfnis, sich wirklich Zeit zu lassen und die Annäherung über das »orgasmusähnliche Gefühl« erst einmal zu verdauen. Sie war ja nicht nur mit einem neuen Genuss in Berührung gekommen, sondern sie hatte auch die Erfahrung eines »gewaltigen Loslassens« gemacht. Damit wollte sie die Therapie erst einmal beenden. Sie äußerte jedoch den Wunsch, falls es zu dieser neuen Partnerschaft kommen sollte und sexuelle Probleme entstünden, die Therapie fortsetzen zu wollen.

Eine kombinierte Einzel- und Paartherapie bei sexuellen Störungen nach sexuellem Missbrauch

Eine Frau, die sexuell missbraucht wurde, kann mit einem Ausschnitt oder auch mit dem ganzen Spektrum der beschriebenen sexuellen Störungen reagieren, abhängig von der Schwere und der Art des Missbrauchs, ihres Alters, der Beziehung zum Täter, der Häufigkeit, der Reaktion der Umwelt usw.

Dennoch gibt es einige Besonderheiten wie die so genannten »Flashbacks«: Das sind einschießende Erinnerungen an den Missbrauch, die sich in aktuellen Situationen auf unkontrollierbare Weise aufdrängen und sich sehr störend und belastend auswirken. Außerdem sind zuweilen bestimmte Körperteile noch immer »infiziert« von den ungewollten Berührungen, es ist, als ob der Samen noch immer die Scheide beschmutzen oder die fremde Hand noch immer eklig den Bauch berühren würde.

Manche der missbrauchten Kinder haben sich damit »gerettet«, dass sie aus ihrem Körper »hinaustraten« und die ganze Szene von außen wie einen Film besahen. Oder sie sagten sich, dass dies alles nicht wirklich geschehen sei. Manche Frauen haben diese alten, einst hilfreichen Strategien in die Erwachsenenwelt mitgenommen. Dann aber verursachen sie Störungen im Erleben oder in der Beziehung. Schließlich gibt es auch missbrauchte Frauen, die Sexualität gänzlich vermeiden, um nicht an die schrecklichen Erfahrungen erinnert zu werden. Im anderen Extrem reinszenieren Frauen unbewusst und unbeabsichtigt die Missbrauchssituation in einer Beziehung, in der sich Elemente wie Bedrohung, Schlagen, Vergewaltigung usw. wiederholen. Viele Prostituierte sind Opfer sexuellen Missbrauchs. Indem sie ihren Körper verkaufen, können sie die Illusion aufrechterhalten, das Selbstbestimmungsrecht über ihren Körper zu besitzen.

Fallvignette

Frau B., 42 Jahre alt, kinderlos, in einer langjährigen Partnerschaft lebend, Krankenschwester, war im Alter von sechs bis elf Jahren in den Sommerferien, die sie bei den Großeltern verbrachte, von ihrem noch zu Hause lebenden Onkel missbraucht worden. Er »verführte« sie zuerst mit Geschenken zu oralem und vaginalem Verkehr, später zwang er sie dazu, unter der Androhung, »den Großeltern und Eltern zu verraten, was sie für eine sei«. Mit zwölf Jahren konnte sie schließlich bei den Eltern durchsetzen, dass sie die Ferien in einem Ferienlager verbringen durfte, woraufhin der Missbrauch aufhörte. Erst mit 22 Jahren, als sie ihren jetzigen Partner kennen lernte, konnte sie erstmals über ihre Erfahrungen sprechen. Der konkrete Anlass, eine Psychotherapeutin aufzusuchen, hing mit einem Erlebnis an ihrem Arbeitsplatz zusammen. Sie musste einen Patienten waschen, der sie in Stimme, Tonfall und Dialekt stark an ihren Onkel erinnerte, ohne dass dieser Mann in irgendeiner Weise anzüglich gewesen wäre. Genauer befragt, berichtete Frau B. von weiteren männlichen Patienten, bei denen ihr das Waschen schwer fiel. Sie reagierte in den letzten Jahren wiederholt mit Schweißausbrüchen, starken Ekelgefühlen, Übelkeit, Schwindel und Magenschmerzen, woraufhin sie sich häufiger krankschreiben ließ, in der Hoffnung, dass die entsprechenden Patienten bis zu ihrer Rückkehr entlassen worden waren. Außerdem versuchte sie die Pflege bei diesen Patienten zu vermeiden, was wiederholt zu Missstimmungen auf der Station führte und ihr den Ruf einer Drückebergerin einbrachte. Zuletzt stellte sich eine Flut von Erinnerungen ein, die sie verfolgten. Überall auf der Straße sah sie Männer, die ihrem Onkel glichen, es war ihr permanent übel, und sie konnte kaum noch etwas essen. Obwohl sie mit ihrem Partner über die Erinnerungen sprechen konnte, schwankte sie ihm gegenüber sehr in ihren Stimmungen, es kam oft »grundlos« zu aggressiven Ausbrüchen, dann weinte sie, fühlte sich klein und beschützenswert und wünschte sich seine Nähe. Sexualität fand sie jedoch seit diesem Vorfall »eklig«, sie wurde wütend und hatte Mühe, »nicht auszurasten«, deshalb vermied sie sie. Die partnerschaftliche Sexualität erwies sich phasenweise immer wieder als sehr schwierig, sie hatte dann keine Lust, es stellte sich kaum Erregung ein und sie bekam auch keinen Orgasmus, was schon vorher nicht einfach für sie gewesen war. Da ihr Partner aber sehr gelassen mit den schwierigen Zeiten umging und eher optimistisch in die Zukunft blickte, kam es nie zu wirklichen Krisen, Frau B. fühlte sich immer sehr sicher. Derzeit findet ihr Partner jedoch, dass sie etwas tun müsste.

Problemanalyse

Es gibt eine Reihe von Auslösern, die Frau B. ungewollt an die Missbrauchssituation erinnern: Männern von ähnlichem Aussehen, ähnlicher Körperhaltung, Bewegung oder Stimme, ähnlichem Tonfall und Dialekt. Aber nicht nur konkret sichtbare Signale setzen eine Reihe von Reaktionen in Gang, auch aufkommende Gedanken wie »Jetzt wird bestimmt gerade wieder ein Kind missbraucht und niemand weiß das oder tut etwas« oder »Jeder da draußen könnte so einer sein, man sieht es keinem an, ob er so ein Schwein ist«. Daraufhin wird Frau B. wütend, sie fühlt sich hilflos und ohnmächtig, ekelt sich, weiß nicht, wohin mit ihren Gefühlen, möchte am liebsten laut herausschreien, was sie nicht tut, weil andere sie dann für verrückt halten könnten. Sie denkt daran, »wie der Onkel mich versaut hat«, »wie er mich mit seinen großen Händen überall befingert hat«, »wie glitschig und eklig sein Penis war«, »wie er mir wehgetan hat beim Eindringen«, »dass ich Angst hatte, sein Penis könnte meine Organe quetschen«. Dann überkommen sie schreckliche Körpergefühle, sie zittert, sie fühlt, wie sich ihre Haut überall zusammenzieht, wie sich ihre Körperbehaarung aufstellt, wie fremd und wie beschmutzt sie sich vorkommt und dass sie am liebsten aus ihrer Haut heraus möchte. Es ist ihr übel, der Magen dreht sich ihr um, aber sie kann nicht erbrechen, »es kommt nichts«. Dann zieht sie sich ins Bett zurück, möchte nichts sehen und fühlen, zieht sich Kopfhörer auf und dreht die Musik auf, bis es in den Ohren wehtut. Wenn das nicht hilft, geht sie unter die eiskalte Dusche, fährt Fahrrad, bis »ihr die Luft ausgeht«, oder geht schwimmen, bis sie »fix und alle« ist. Kurzfristig gelingt es ihr, die schrecklichen Gefühle abzuschwächen, die Körperempfindungen werden von Kälte, Schmerz oder Erschöpfung betäubt. Ihr Partner hat viel Verständnis für sie und versucht, sie zum Sprechen zu bewegen oder sie in den Arm zu nehmen. Langfristig ändert sich aber nichts an ihrem negativen Selbstkonzept, »versaut« und »beschmutzt« zu sein. Ihre Wut auf Missbraucher und solche, die es sein könnten, bindet einen großen Teil ihrer Energie. Sie ist misstrauisch Männern gegenüber, was sie als einschränkend erlebt. Schließlich fürchtet sie früher oder später Probleme am Arbeitsplatz wegen der wiederkehrenden Fehlzeiten. Sie versucht auch, Situationen zu vermeiden, die ihre Erinnerungen auslösen könnten (überall in der Öffentlichkeit), und sie zieht neuerdings ihre Brille ab, um absichtlich unscharf zu sehen. Überdies deuten sich auch in der Partnerschaft Probleme an, weil Frau B. Sexualität seit dem Vorfall vermeidet.

Sexuelle Aktivitäten selbst wie Zungenküsse, Eindringen des Penis, hastiges, prüfendes Streicheln, raue Handflächen, das Gefühl, »es wird was mit mir gemacht, ohne dass ich die Erlaubnis dazu gegeben habe« etc. können Erinnerungen an den Missbrauch hervorbringen. Die Auslöser können entweder konkret vorhanden sein oder nur in der Vorstellung, aber auch dann sind sie sehr mächtig und wirken, als seien sie Wirklichkeit. Frau B. reagiert dann mit den bereits beschriebenen Gefühlen (Wut, Hilflosigkeit, Ekel), ebenso mit Schuldgefühlen ihrem Partner gegenüber und Selbsthass. Es schießen ihr Gedanken durch den Kopf, etwa: »Hört das nie auf?« »Meine Sexualität ist kaputt.« »Ich bin versaut, beschmutzt.« »Ich bin das Letzte.« »Ich habe nicht verdient, dass mir das gut tut.« Die genannten Körperempfindungen kommen mit großer Heftigkeit über sie. Dann bricht sie die sexuellen Aktivitäten ab. Manchmal versucht sie auch ihrem Partner zuliebe weiterzumachen, aber sobald er ihren Zustand bemerkt, spricht er sie darauf an und beendet jede sexuelle Aktivität. Daraufhin verschwinden sexuelle Lust und Erregung schlagartig, sie ist enttäuscht, dass es wieder nicht geklappt hat, und fühlt sich schuldig, dass sie ihrem Partner die Lust verdirbt. Kurzfristig zerstreuen sich aber auch die schlechten Gedanken darüber, wie »versaut« sie ist, der

Zwiespalt, dass ihr positive sexuelle Gefühle nicht zustehen, wird aufgehoben, die unangenehmen Körperempfindungen klingen langsam ab. Meistens tröstet sie der Partner. Langfristig jedoch bleibt die Sexualität als Schauplatz, auf dem sich die ungelösten Missbrauchsprobleme widerspiegeln, bestehen, Sexualität wird weiterhin Anlass für Konflikte liefern, die Qualität der Beziehung wird darunter leiden, und Frau B. wird weiterhin in dem Bewusstsein leben, eine ungenügende Sexualpartnerin zu sein.

Therapieziele

- Sich aussprechen: Zunächst ist es wichtig, Frau B. genügend Raum zu geben, über ihre Erfahrungen zu sprechen. Das korrigierende Erlebnis, dass ihr jemand, die Therapeutin, einfühlsam zuhört (was ihr als Kind versagt blieb) und dass jemand ihre außerordentlich schlimmen Erfahrungen würdigt, wirkt bereits heilsam.
- Arbeitsplatzproblematik: Akut drängen Frau B.s Arbeitsplatzprobleme nach Lösung. Kurzfristige Lösungsstrategien müssen gefunden und umgesetzt werden, damit wirksameren, langfristigen Lösungen Entwicklungsspielraum verschafft wird.
- Unterscheidung in Überlebens- und Lebensstrategien: Frau B. machte sich im Laufe der Jahre viele Gedanken darüber, wie der sexuelle Missbrauch ihr Leben beeinflusst hat. Ihre Überlegungen bilden den Ausgangspunkt, um so genannte »Überlebens- und Lebensstrategien« zu analysieren. Bei ersteren geht es darum, welche Stärken Frau B. entwickelt hat, um den Missbrauch zu »überleben«. Letztere beschäftigen sich mit dem Aspekt, welche Lebensstrategien Frau B. in ihrem Erwachsenenleben bislang zur Verfügung standen, um die Folgen abzumildern.

Immer wieder zeigt sich, dass Überlebensstrategien als Lebensstrategien nur bedingt tauglich sind und eine Modifikation Not tut.

- Bewältigung traumatischer Reaktionen über »Erinnerungsarbeit« (z.B. In-Sensu-Konfrontation). Umgang mit Flashbacks.
- Umgang mit selbsttäuschenden Gedanken (so genannten dysfunktionalen Kognitionen), die das Selbstkonzept, den Körper und die Sexualität betreffen.
- Aufbau einer positiven Körperselbstwahrnehmung. Behandlung sexueller Probleme.

Die Einbeziehung des Partners kann je nach Bedarf an unterschiedlichen Stellen des Therapieprozesses erfolgen.

Therapieverlauf

Im Folgenden soll der Therapieverlauf in seinen Interventionen und Ergebnissen bezüglich der oben genannten Ziele beschrieben und nicht in seiner genauen chronologischen Reihenfolge vorgestellt werden. Die Konzentration darauf bedeutet selbstverständlich eine Einengung und lässt andere Vorkommnisse außer Acht. Dies bitte ich Sie im Auge zu behalten. Wichtige Prinzipien der Behandlung sexueller Probleme und ihrer Umsetzung in spezifische Interventionen (kognitive Umstrukturierung, Verhaltensübungen und Übungen zur Selbstwahrnehmung) kommen bereits in den nichtsexuellen Problembereichen zum Tragen.

Für Frau B. war es nicht das erste Mal, dass sie über ihre Missbrauchserlebnisse berichtete. Sie hatte häufiger mit ihrem Partner und auch mit zwei guten Freundinnen über ihre

Erfahrungen gesprochen. Ihre Erzählungen in den ersten Therapiesitzungen ähnelten daher einem Tatsachenbericht, den sie gefasst vortrug und erklärend erläuterte. Darauf angesprochen, wurde schnell ihre ambivalente Haltung deutlich: sich zwar mitteilen, aber die Zuhörer nicht belasten zu wollen. Wie früher, meinte sie, als sie die häufig schwer migränekranke Mutter von weiteren Widrigkeiten verschonen wollte. Infolge dieser Erkenntnis konnte sie es sich eher gestatten, den belastenden Seiten des Missbrauchs ungehinderten Ausdruck zu verleihen. Tiefer Schmerz über das ihr Zugestoßene, Ohnmacht und Scham dominierten, Frau B. erlebte, wie dünn die schützende Wand vor den hereinbrechenden Erinnerungen in Wirklichkeit war. Entscheidend und neu war die Erfahrung, sich mit all ihren Schwierigkeiten zumuten zu dürfen.

Auf dem Boden dieser ersten wichtigen Beziehungserfahrung konnten wir den Fokus auf die akut drängenden Arbeitsplatzprobleme richten. Frau B. fürchtete bei weiteren Krankmeldungen ernsthafte Schwierigkeiten, wenn nicht sogar eine Kündigung. Als kurzfristige Lösungsstrategie erklärte sie sich trotz Bedenken bereit, mit der Stationsschwester ein Gespräch über die Hintergründe ihrer Problematik zu führen (ohne allzu Genaues mitzuteilen) und um eine vorübergehende Entlastung zu bitten, bis sie mit psychotherapeutischer Hilfe mehr Konfrontation aushalten würde. Mittelfristig strebten wir Verhaltensübungen an, mit deren Hilfe die belastenden Pflegehandlungen geübt werden sollten, wobei die Übungen in ihrem Schwierigkeitsgrad (0 bis 100 »Anspannungspunkte«) zu steigern waren. Die Rangreihe begann mit dem verhältnismäßig wenig belastenden Ereignis, sich in demselben Zimmer aufzuhalten wie männliche, hagere Patienten in den Fünfzigern, die freundlich zu ihr Kontakt suchten (20 Anspannungspunkte). Die nächsten Schritte, sich dem Patienten zu nähern, ihm Essen zu servieren oder Betten zu machen, schätzte Frau B. mit 30 Anspannungspunkten ein. Der weitaus schwierigsten Handlung, einen Patienten mit den genannten äußeren Kennzeichen im Genitalbereich zu waschen, wies sie die höchste Punktzahl von 100 zu. In Form von »Hausaufgaben« während ihres Dienstes übte Frau B. die belastenden Situationen, indem sie damit begann, sich häufig in Krankenzimmern jener Patienten aufzuhalten, die sie an den missbrauchenden Onkel erinnerten. Sie sollte dabei besonders auf ihre körperlichen Empfindungen achten, gut durchatmen (Bauchatmung), statt angespannt-ängstlich die Luft anzuhalten, und sich mit positiven Gedanken unterstützen: »Ich bin erwachsen, keiner wird mir etwas tun, ich bin sicher.« »Auch wenn mich der Patient an meinen Onkel erinnert, so ist er es doch nicht.« »Steigere dich nicht hinein, bleibe auf dem Boden. Atme durch.« Falls sie dennoch von Erinnerungen heimgesucht wurde, die sie traurig oder wütend machten, sollte sie sich fünf Minuten in einem Lagerraum gönnen, dabei in einen inneren Dialog mit ihrem »inneren Kind« gehen, ihm das Recht auf seine Gefühle zugestehen und es trösten.

»Rückfälle« in hilfloses Verhalten bearbeiteten wir mit unterstützenden Rollenspielen, die es Frau B. erlaubten, die schwierigen Situationen zu üben. Frau B. war nach wenigen Wochen in der Lage, die genannten Situationen besser zu bewältigen. Eine Ausnahme bildete der schwierigste Teil der Übungen, den Körper eines Patienten einschließlich der Genitalien zu waschen. Frau B. reagierte nach wie vor mit Übelkeit als Folge des Ekels, und sie fühlte sich sehr von den aufkommenden Bildern bedrängt. Die Verhaltensübungen und Selbstinstruktionen reichten hier nicht aus, daher wurde zusätzlich die so genannte »In-Sensu-Konfrontation« als Form der Traumatherapie eingesetzt (siehe unten).

Belastende Erinnerungen (Flashbacks) traten nicht nur am Arbeitsplatz, sondern überall im Alltag in einer für Frau B. unkontrollierbaren Art und Weise auf. Zu Hause hatte sie eine Reihe von Vermeidungs- bzw. Überdeckungsstrategien entwickelt – Lautstärke, Kälte, Schmerz und Erschöpfung als »Gegengift« –, die bei hohem Energieaufwand eine kurzfristige Abmilderung bewirkten, letztlich aber keine grundsätzliche Veränderung hinsichtlich des Gefühls, »beschmutzt« zu sein, herbeiführten. Dieser große Energieaufwand war über die Jahre u.a. deshalb leistbar, weil sie eine gute, wenig bedrohliche Beziehung zu ihrem Partner und kreative, wenig destruktive Überlebensstrategien, die überdies positiv besetzt waren (Extremsport), entwickelt hatte. Dennoch erlebte sie auch immer wieder die Grenzen ihrer Überlebensstrategien. Trotz ihrer Anstrengung schaffte sie es nicht, die Flut von Flashbacks einzudämmen. Frau B. wünschte sich Hilfestellungen, die ihr den Umgang mit den Flashbacks erleichterten.

Exkurs

Die Behandlung posttraumatischer Belastungsstörungen ist in der Psychotherapie ein vergleichsweise junges Feld. Seit zwanzig Jahren erst gibt es diese Diagnose, unter der man eine verzögerte oder verlängerte Reaktion auf Situationen außergewöhnlicher Bedrohung oder katastrophenartigen Ausmaßes versteht. Neben Naturkatastrophen, Krieg, Unfällen, Folterungen usw. können auch Vergewaltigungen und sexueller Missbrauch in Kindheit und Jugend zu den Ursachen zählen. Typische Merkmale, unter denen Betroffene leiden, sind sich aufdrängende, quälende Erinnerungen (Flashbacks), Alpträume, ein Gefühl des Betäubtseins, Gleichgültigkeit gegenüber anderen Menschen und die Vermeidung von Aktivitäten, die an das ursprüngliche Trauma erinnern könnten. Übererregtheit, Schlafstörungen, Angst, Depression, das Auftreten von Selbstmordgedanken und die Einnahme von Drogen und Alkohol sind nicht ungewöhnlich. Die Forschung in diesem Bereich ist sehr produktiv. Der derzeitige Forschungsstand im Hinblick auf den Erfolg verschiedener Therapieformen zeigt eine Überlegenheit der Psychotherapien im Vergleich zu einer ausschließlich medikamentösen Behandlung. Auch wurden verschiedene Therapieformen, sofern kontrollierte Studien vorlagen, miteinander verglichen. Sie gehören überwiegend zur Verhaltenstherapie bzw. wurden aus ihrer Theorie heraus entwickelt. Zu nennen sind:

① In-Sensu-Konfrontation (Konfrontation in der Vorstellung), In-Vivo-Konfrontation (Konfrontation in der Realität)
② Kognitive oder kognitiv-behaviorale Therapie
③ EMDR (Augenbewegungs- und Desensibilisierungs-Verarbeitungstherapie)

Alle drei Therapieformen gehören zu den gegenwärtig erfolgreichsten in der Behandlung posttraumatischer Belastungsstörungen.

Der In-Sensu- und In-Vivo-Konfrontation liegt die Annahme zugrunde, dass Angstreaktionen auf bestimmte mit dem Trauma in Zusammenhang stehende oder an das Trauma erinnernde Auslöser quasi automatisch erfolgen. Solche Auslöser, z.B. Orte, Menschen oder auch bestimmte Berührungen durch den Partner, die an den Missbrauch erinnern, werden möglichst vermieden. Ist dies nicht möglich, etwa wenn sich Erinnerungsbruchstücke unwillentlich in Form von Flashbacks aufdrängen, flüchten die Betroffenen, z.B. indem sie sich sofort ablenken. Vermeidungs- und Fluchtverhalten reduzieren kurzfristig die Angst, »konservieren« sie jedoch tückischerweise langfristig, sodass die Angst in voller Stärke wieder auftritt, sobald die völlige Vermeidung der Auslöser misslingt. Bei Frau B. ist dies dann der Fall, wenn sie Menschen begegnet, die dem Onkel ähnlich sehen. Konfrontationstherapien ersetzen Vermeidung und Flucht (welche ja bereits nach sehr kurzer Konfrontationsdauer erfolgt) durch eine verlängerte Konfrontation. Dadurch können die Betroffenen die Erfahrung machen, dass sich ihre Angst auch dann allmählich reduziert, wenn sie sich mit therapeutischer Unterstützung wiederholt realen Auslösern, in ihrem Fall z.B. dem Kontakt mit dem Onkel ähnlichen Männern, Situationen (In-Vivo-Konfrontation) oder ganz bewusst den sie bedrängenden Erinnerungsbildern (In-Sensu-Konfrontation) für eine längere Zeitdauer stellen.

Kognitiv-behaviorale Ansätze beschäftigen sich insbesondere mit den Erwartungen und Bewertungen, die aus der Bedeutung des Traumas erwachsen. Beispielsweise werden im Therapieprozess die Überzeugungen zu den Themen Sicherheit, Intimität, Selbstwertgefühl und Selbstvertrauen, die sich durch das Trauma oftmals dramatisch verändert haben, bearbeitet.

Die EMDR geht von folgendem Grundprinzip aus: Während sich eine betroffene Person auf einen traumatischen Inhalt konzentriert, lenkt der Therapeut oder die Therapeutin ihre Aufmerksamkeit auf eine äußere Quelle. In der Regel soll die Person mit den Augen den Handbewegungen des Therapeuten folgen. Alternativ werden aber auch Töne

oder Berührungen mit der Hand eingesetzt. Man nimmt an, dass durch die Augenbewegungen analog der Augenbewegungen im Traumschlaf ein Prozess der Verarbeitung belastender Erinnerungen in Gang gebracht wird.
Die nachfolgende »Erinnerungsarbeit« mit Frau B. wird zudem zeigen, dass über das therapeutische Gespräch hinausgehende, so genannte »erlebniszentrierte« Methoden bei der Rekonstruktion der Missbrauchserfahrung, die ja am Anfang der Erinnerung nur in Bruchstücken zugänglich ist, sehr wichtig sein können. Dazu gehören die Arbeit mit kreativen Medien (z.B. Malen des Erlebten) oder die Reinszenierung der Erinnerungsfragmente in psychodramatischen Rollenspielen, in denen z.B. der erinnerte Ort des Geschehens symbolisch mit im Therapiezimmer befindlichen Gegenständen »aufgebaut« wird. Solche Interventionen gehören z.B. zum Methodeninventar der so genannten Integrativen Therapie nach Hilarian Petzold, die ein solches Vorgehen auch sehr differenziert theoretisch untermauert.

Im Fall von Frau B. ergaben sich für die Bearbeitung der posttraumatischen Belastungsstörung folgende Unterziele:

① Ungewissheiten, ob und was gewesen sein könnte, überprüfen. Das Gehirn schreibt unsere Biographie, durch neu hinzukommende Informationen beeinflusst, immer wieder um. Eine subjektive, gegebenenfalls objektivierbare Annäherung an die Wahrheit erarbeiten, dabei verwirrende, unklare und nebulöse Empfindungen und Gefühle aufhellen.
② Eine Korrektur dysfunktionaler Kognitionen, also selbsttäuschender Gedanken, einleiten (»Ich bin schuld, dass er mich missbraucht hat.«).

③ In-Sensu-Konfrontation mit prägenden Szenen des Missbrauchs. Dabei ist es hilfreich, in der Missbrauchssituation unterdrückte Impulse zum Ausdruck zu bringen, z.B. sich zu wehren, Dinge zu sagen oder hinauszuschreien.
④ Gegebenenfalls symbolische Lösungen suchen (den Missbraucher erschießen, erstechen und verbrennen; wenn er im Traum oder in der Erinnerung wiederkommt, sich von einer starken, vertrauensvollen Person Unterstützung holen usw.).
⑤ Die Erfahrung ermöglichen, dass Schutz, Trost und Liebe im Rahmen der Therapie, in der die leidvollen Ereignisse wieder aufleben, möglich sind.

Die Gefahr der Konfrontation in der Behandlung von Traumata besteht in einer Wiederholung ohnmächtiger, leidvoller Erfahrungen ohne das Hinzufügen neuer, heilsamer Momente, wie symbolische Lösungen, Aktivierung stärkender Persönlichkeitsanteile oder eine liebevolle Beziehungserfahrung im therapeutischen Kontext.
Frau B. kann sich an viele Missbrauchssituationen erinnern, »als sei es gestern« gewesen. Der Ort des Geschehens war das Gartenhäuschen in einem weitläufigen Garten, sie erinnert sich an die Atmosphäre im Innern, das Licht, das durch die Ritzen eindrang, Gartengeräte aus Metall und Holz, Blumentöpfe, Körbe und das alte Sofa, aus dem die Federn herausstaken. Sie erinnert sich an Spiele mit dem Onkel, ans Vorlesen, Verstecken, Rätselraten, an den kleinen Teddy. Einige Erinnerungsfetzen sind jedoch »seltsam«, sie fragt sich, ob sie »spinnt«, ob er ihr wirklich »Bildchen« gezeigt hat und was mit der »Jacke, die am Nagel hing«, gewesen sei. Frau B. spürt beim Erzählen die verschiedenen Gefühlsqualitäten (neugierig, ängstlich, mutig, verboten), die auftauchen, sie

nimmt ein nervöses Zucken ihrer Nasenflügel wahr, fragt sich, ob es gebrannt habe, vermeint Zigarettenrauch zu riechen, der alt und abgestanden ist. Dann hat sie das Gefühl, ein dunkler Schatten kriecht in ihr Gehirn und bedeckt auch die Augen. Alles wird unkenntlich, es ist wie in einem fremdartigen Film, vielleicht wie auf dem Mond ... Ich schlage Frau B. vor, diese inneren Bilder, die vor ihr aufscheinen, zu malen. Bei der Besprechung der zwei Bilder, dem Gartenhäuschen von innen mit Nagel und Jacke an der Wand und dem Schatten, der ihren ganzen Kopf verhüllt, wird deutlich, dass es sich um eine Szene handelt, bei der sie sich nicht traut hinzusehen. Überdies schwingt auch ein Verbot mit, es zu tun. Der schwarze Schatten hat gleichermaßen etwas Bedrohliches und etwas Beschützendes. »Wenn es nicht sichtbar ist, ist es nicht ganz real«, eine kleine Illusion, die Frau B. noch gnädigerweise beschützt. Diese Stelle markieren wir als eine besondere, deren Enthüllung bedeutsame Einstellungsänderungen nach sich ziehen kann.

In weiteren Sitzungen, bei denen Frau B. eine innere Bereitschaft verspürt, diesen Schatten zu durchdringen, gelingt es, neue Aspekte ihrer Geschichte herauszuarbeiten. Mithilfe eines psychodramatisch inszenierten Rollenspiels, in dem sie symbolisch mit Stühlen, Kissen usw. das Innere des Gartenhäuschens nachstellt, kann sie die unterschiedlichen Gefühlsqualitäten, z.B. hinsichtlich der Bedrohlichkeit, die von den Örtlichkeiten ausgehen, erspüren. Für den Fall, das die Bedrohlichkeit überhand nehmen sollte, installieren wir ein schützendes Refugium, eine Ecke des Raumes, die zusätzlich durch einen Stuhl geschützt wird (Imaginieren bzw. Herstellen eines »sicheren Orts«). Bei ihrem Gang in und durch das Gartenhäuschen nimmt sie Kontakt auf zu den Gegenständen und lässt sie quasi aus der Innenperspektive sprechen.

Der Korb sagt beispielsweise: »Ich stehe hier schon seit vielen, vielen Jahren. Mich nehmen sie, um Gemüse, Holz, Gerümpel zu transportieren. Ich habe schon allerhand gesehen, Schönes und viel Unangenehmes. Unter den Menschen, die hier ein und aus gingen, waren auch böse, sehr böse Menschen. Der Schlimmste war Onkel T. Glücklicherweise ist er gestorben, sodass er nicht mehr hierher kommen kann ...« Frau B. nähert sich auf diese Weise den früheren Geschehnissen an, wobei sie sich erlaubt, immer wieder in ihre Ecke zu gehen, aus der heraus sie emotionalen Abstand gewinnen und darüber nachdenken kann, was die Aussagen für sie bedeuten. Die Erarbeitung unterschiedlicher Aspekte vollzieht sich nicht innerhalb einer Sitzung, mehrere Sitzungen sind notwendig, vor allem auch, um sich dem zentralen Detail des Zigarettenrauches anzunähern. Im Vorfeld kündigen bereits körperliche Signale, Herzflattern und weiche Knie, an, dass sie sich einem »schwarzen Loch« annähert. Wir besprechen deshalb auch, ob die Ecke allein genügend Schutz bietet, und sie wünscht sich gegebenenfalls von mir an der Hand oder in den Arm genommen zu werden. Frau B. riecht diesmal abgestandenen Zigarettenrauch, als sie sich im Innern des Gartenhäuschens befindet. Sie empfindet heftige Angst davor, dass ihr Herz aussetzen und sie in ein tiefes Loch stürzen könnte. Gleichzeitig möchte sie wissen, wovor sie solche Angst hat. Sie beginnt zu spüren, dass neben dem Onkel eine weitere Person im Raum ist, die sie am Geruch erahnt. Sie kann erspüren, wo sich diese Person befindet und dass diese sich ihr annähert. Bevor er – sie fühlt nun, dass es sich um einen Mann handelt – sie anspricht und anfasst, erfasst Frau B. ein Strudel von Gefühlen, und sie möchte am liebsten weglaufen. Ich ermutige sie, ihre Gefühle auszusprechen, aber sie kann nicht sprechen, sondern zeigt mir, was dieser Mann mit ihr machen will: sie oral vergewaltigen. Frau B. erlebt die Situation so intensiv, als würde es gerade jetzt erneut geschehen. An dieser Stelle sind zwei therapeutische Interventionen von Bedeutung: Frau B. durch meine körperliche Nähe zu unterstützen – ich nehme sie in den Arm – und sie aus der Situation herauszuführen – ich drehe sie von dem (imaginierten) Missbraucher weg und stelle mich dazwischen. Frau B. erlebt einen heftigen Ekel, würgt, spuckt und weint. Später, mit etwas Abstand, kommt Wut auf diesen fremden Mann sowie auf den Onkel hinzu. Ich ermutige sie, diese Wut auszudrücken, und sie nimmt ein Kissen, mit dem sie unter heftigem Schimpfen auf die Stellen einschlägt, an denen sich der Onkel und der fremde Mann befinden. In den nächsten Sitzungen reflektieren wir gemeinsam darüber, welche Spuren diese Erfahrungen in ihrem Selbstbild und der Sicht auf die Welt hinterlassen haben. Viele Einstellungen gruppieren sich um den Aspekt der »Selbstwirksamkeit«, denn Frau B. hatte häufig das Gefühl, ohnmächtig ausgeliefert und auf das Wohlwollen anderer angewiesen zu sein. Wichtige Lebensentscheidungen wurden aus diesem Gefühl heraus gefällt. Ein zweiter entscheidender Aspekt, der mit dem ersten eng verknüpft ist, ist die Fremdbestimmtheit ihres Körpers, den sie häufig als fremd, nicht wirklich zu ihr gehörig empfand und den sie so auch nicht haben wollte. In diesem Licht betrachtet wird die Sinnhaftigkeit ihrer Überlebensstrategien erneut bestätigt: Da sie sich hilflos fühlte, die Situation zu verändern, »verließ« sie ihren Körper.

Die Erinnerungsarbeit, die Frau B. in einen tiefen, regressiven Zustand versetzte, hatte heilsame Effekte, die Flashbacks reduzierten sich, ihre Magenschmerzen verloren sich, sie gewann ihren Appetit zurück. Außerdem erlebte sie erstmals seit Jahren einen Zustand von innerer Ruhe.

In den nächsten Wochen tauchten weitere Flashbacks sowie Alpträume auf, Zeichen dafür, dass die therapeutische Arbeit am sexuellen Trauma fortgeführt werden wollte. Erst nachdem dieser Prozess abgeschlossen schien, ablesbar an der inneren Befriedung, die Frau B. erlebte, begann die eigentliche Sexualtherapie, beginnend mit dem Aufbau einer positiven Körperwahrnehmung.
Folgende Interventionen zum letzten Behandlungsabschnitt wurden eingesetzt. Es handelt sich zunächst um Übungen, mit denen Frau B. alleine experimentierte:

① Körperbild
② Selbstwahrnehmungsübung der äußeren Geschlechtsorgane (siehe hierzu das Kapitel *Anatomie*)
③ Selbstwahrnehmungsübung der inneren Geschlechtorgane (siehe ebenda)
④ Training der Beckenbodenmuskulatur (siehe *Die Bedeutung der Beckenbodenmuskulatur*)
⑤ Körperübungen zu Lustpunkten in der Scheide (siehe *Weibliche Lustzonen*).

Bei den anschließenden Therapieschritten orientierten wir uns an dem bereits vorgestellten Konzept zur Behandlung von sexuellen Paarproblemen (siehe *Eine kombinierte Einzel- und Paartherapie bei Lust-, Erregungs- und Orgasmusproblemen*) und ergänzten es um die bereits erwähnte »Schnupperübung«. Allerdings erfuhren die Instruktionen zu den Übungen insofern eine Modifikation, als Frau B. auftretende Flashbacks an- und aussprechen sollte.
Wir vereinbarten folgendes Vorgehen: Wahrnehmung von Flashbacks, Selbsthilfe über Fokussierung auf positive Aspekte der sexuellen Interaktion, z.B. dem Partner Wün-

sche mitzuteilen oder aktiver zu werden. Wenn die Flashbacks selbstständig nicht zu bewältigen waren, den Partner um eine Pause zu bitten, gegebenenfalls die Auslöser mitzuteilen und darüber zu sprechen. Danach sollten beide gemeinsam entscheiden, ob die sexuellen Aktivitäten fortgeführt oder beendet werden sollten.

Vorausschicken möchte ich Folgendes: Die Beschreibung des Ablaufs klingt recht geradlinig, war es aber keineswegs. Obwohl sich Frau B. auf das Experiment mit den verschiedenen Übungen einließ, kam es immer wieder zu Flashbacks, die in mühsamer Kleinarbeit analysiert werden mussten (Auslöser, Reaktionen, Konsequenzen), um anschließend eine Lösung im Sinne von »wieder zu sich selber kommen« zu suchen.

Als erster Schritt zum Aufbau einer positiven Körperwahrnehmung beschäftigten wir uns mit Frau B.s Körperempfinden. Sie zeichnete ihren Körper in Umrissen auf ein großes Blatt Papier (Tapetenrolle) und malte mit unterschiedlichen Farben ihre Beziehung zu ihrem Körper aus (siehe S. 200). Arme, Beine (bis auf Oberschenkelinnenseiten), Kopf (ohne Mund) und Hals in Orange waren für sie unproblematische Zonen, die sie auch mochte. Besonders mochte sie ihre Haare, Augen und Finger (gelb). Schultern, Brust und Bauch empfand sie als unangenehm, wie schon »gebraucht« durch das Betatschen des Onkels. Seine Hände hinterließen »schleimige Schlieren« (graubraun), bei denen es ihr »ganz schlecht« wurde. Gleichzeitig war diese Gegend mit Orange durchmischt, für Frau B. ein Zeichen, dass doch noch nicht alles zu spät war und »ihre« Farbe Land gewinnen konnte. Die Genitalgegend und die Oberschenkelinnenseiten malte sie schwarz an, denn die waren »schlecht«, »beschmutzt«, »versaut«. Dies war die problematischste Zone ihres Körpers.

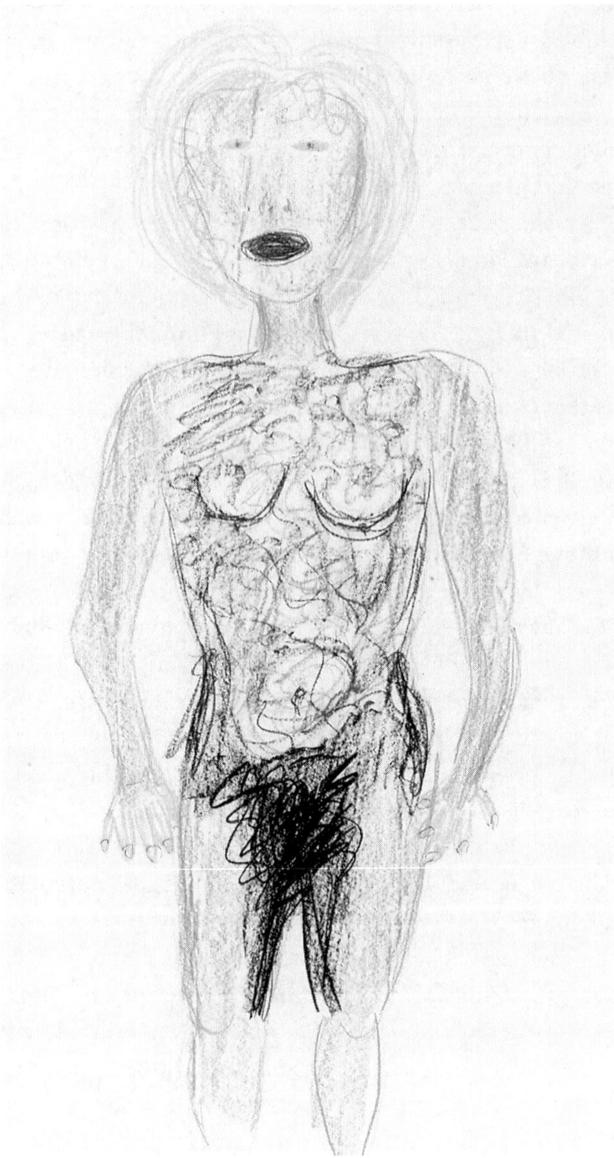

Die Mundregion nahm eine Art Sonderstellung ein, sie malte sie violett, als Zeichen, dass sie sich auf dem Weg der Regeneration (rote Lippen) befand.
Frau B. betrachtete ihr Körperselbstbild mit Erstaunen, sie fand es nicht so negativ, wie sie es noch einige Wochen zuvor gemalt hätte, fand im Gegenteil die orangefarbenen Inseln sehr ermutigend. Sorge bereitete ihr allerdings die Genitalgegend.
Auf diesem Hintergrund begannen die Selbstwahrnehmungsübungen, zuerst der äußeren Geschlechtsorgane. Frau B. orientierte sich an der anatomischen Skizze, und es fiel ihr schwer, hinzusehen. Zur Unterstützung stellte sie sich ihre beste Freundin zur Seite, die ihr auf eine nichtkränkende, direkte Art und Weise die Meinung sagen und sie zum Hinsehen ermutigen konnte. So entstand folgender Text:
»Meine Schamlippen, die Klitoris und die Scheidenöffnung sind nicht schwarz. Nein, die sind wirklich nicht schwarz, die sind normal. Sie sind rosig. Sie sind wie bei anderen Frauen. Ich bin wie andere Frauen ...«
Für Frau B. war das Resultat äußerst bewegend. Sie erkannte, dass sie sich nach dem Missbrauch eine weitere »Verletzung« hinzugefügt hatte, indem sie sich selbst als »beschmutzt« stigmatisierte. Die Beschmutzung war weit mehr als ein Wort. Sie wurde zu einem inneren Bild, auf dem sie sich tatsächlich schmutzig, schwarz, abstoßend wieder erkannte. Damit wiederholte sie über Jahre ein stereotypes, selbstschädigendes Denken. In dieser Übung erkannte sie, dass sie keineswegs schmutzig, sondern verletzt in ihrer Seele war.
Die nächste Übung, sich mit den inneren Geschlechtsorganen zu konfrontieren, war für Frau B. eine große Herausforderung. Sie machte die Übung in zwei Schritten. Zuerst be-

schäftigte sie sich nur mit dem Betrachten der Skizze, dann ergänzte sie die damit verbundenen Empfindungen: »Ich sehe einen langen Gang, die Scheide, gemacht für Männer, die einem wehtun wollen. Sie bohren ihren Penis da hinein, egal ob Frauen das wollen oder nicht. (Frau B. weint). Es ist ihnen egal, was die Frauen, die Mädchen dabei empfinden.«
Ich frage Frau B., ob es auch eine andere Version gibt: »Der lange Gang, die Scheide, empfängt den Penis. Zuerst ist der Gang eng, aber dann wird er weiter. Wenn er weiter ist, kann es sogar Lust machen, den Penis an den Wänden reiben zu fühlen. Oder ihn zu umschließen.«
Frau B. wird deutlich, dass zwei Seelen in ihr sind, das verletzte Mädchen, aber auch die erwachsene, liebende Frau. Oft verliert sie die erwachsene Frau aus den Augen und sieht nur noch das verletzte Mädchen. Wie, fragt sie sich, kann ich als Erwachsene für »mein inneres Mädchen« sorgen, das sich immer wieder, auch wenn die erwachsene Frau es nicht möchte, in Erinnerung bringt? In einem Rollenspiel, in dem das Mädchen und die erwachsene Frau in einen Dialog treten, werden Frau B. die Bedürfnisse des inneren Mädchens (das Angst vor dem Vergessenwerden hat) nach Sicherheit und Schutz deutlich. Sie spürt, dass die emotionale Beziehung, besonders das Moment des Vertrauens, im Kontakt mit ihrem Freund spürbar sein muss, um ihre Angst gehen lassen zu können.
Die beiden letzten Übungen zur Körperwahrnehmung, das Training der Beckenbodenmuskulatur und die Beschäftigung mit den Lustpunkten in der Scheide, waren zu Frau B.s eigener Verwunderung eher leicht. Sie erklärte sich dies damit, dass die Beckenbodenmuskulatur sowie die Lustpunkte etwas »Erwachsenes« waren, im Mädchen zwar bereits angelegt, aber erst im Erwachsenenalter zur Reife gebracht. Des-

halb fiel es ihr leicht, diese Bereiche nicht als beschmutzt zu erleben. Zur Verankerung dieser Erkenntnis malte sie ein großes Bild von der Scheide, umgeben von einem orangefarbenen Beckenboden und gelben Lustpunkten.

Die Übungen zur Körperselbstwahrnehmung brachten keine rundum positive Einstellung zum Körper. Diese Erwartung wäre auch überhöht gewesen. Vielmehr sind sie als Bausteine zu betrachten, die im Alltag immer wieder in Erinnerung gerufen werden müssen, um ein inneres Gegenbild zum alten Denken und Fühlen zu installieren. Dies erfordert eine aktive Mitarbeit von Frau B., die nicht an der Tür des Therapieraums endet.

In der zweiten Phase bezogen wir Frau B.s Partner mit ein. Wie bereits erwähnt, orientierten wir uns an dem vorgestellten Konzept zur Behandlung sexueller Paarprobleme (Streicheln, Schnuppern, erkundendes Streicheln, stimulierendes Streicheln, Einführen des Penis ohne Bewegungen, mit erkundenden und stimulierenden Bewegungen, verschiedene Stellungen). Bei den Übungen ging es jedoch in diesem Stadium der Therapie primär um den Umgang mit den Flashbacks. Erst sekundär, was aber zu diesem Zeitpunkt noch nicht zu erwarten war, war das Ziel anzupeilen, den sexuellen Genuss zu steigern.

Frau B. war sehr erleichtert über die »Erlaubnis«, die einschießenden Erinnerungen nicht wegschieben zu müssen, was ihr sowieso nicht gelang. Sie experimentierte, wie vereinbart, zunächst damit, die Erinnerungen selbst zu regulieren, stellte jedoch fest, dass die Intensität sie jedes Mal überwältigte. Ihre Lust war dann wie ausgelöscht, und sie fühlte sich innerlich in die Missbrauchssituation katapultiert. Quälend war die Feststellung, wie viele sexuelle Berührungen »infiziert« und zu aktuellen Auslösern geworden waren. Ihre

Vermeidung brachte nur kurzfristige Entlastung und schränkte die Verhaltensmöglichkeiten beider Partner drastisch ein. Das »Durchstehen« schließlich, das Herrn B. cotherapeutische Aufgaben und daneben sehr viel Geduld und Verständnis abverlangte, half Frau B. mehr. Wichtig war die Erfahrung, dass Geborgenheit und Schutz in Herrn B.s Armen den Erinnerungen ihre Kraft nahmen und sie in den Hintergrund treten ließen. Leider war damit auch immer wieder die sexuelle Atmosphäre zerstört, und es galt mit der Frustration konstruktiv umzugehen. Erst als Herr und Frau B. die Erfahrung machten, die sexuellen Aktivitäten nach Bewältigung einer Flashbacksituation wieder aufzunehmen, verlief die weitere Sexualität ungestört. Frau B. führte den Erfolg auf die vertrauensvolle Atmosphäre zurück, die sich mit der gemeinsamen Bewältigung noch verstärkt hatte. Das Paar war sehr hoffnungsvoll und hatte das Gefühl, einen Anfang durch das Labyrinth gefunden zu haben. Die Therapie konnte zu diesem Zeitpunkt auf vierzehntägige Treffen reduziert werden.

Literaturverzeichnis

Arentewicz, G./Schmidt, G. (1980): *Sexuell gestörte Beziehungen. Konzepte und Technik der Paartherapie*. Berlin: Springer.

Barbach, L. (1977): *For yourself*. Frankfurt am Main: Ullstein.

Barbach, L. (1985): *Füreinander. Das gemeinsame Erleben der Liebe*. Hamburg: Rowohlt.

Barbach, L./Levine L. (1987): *Der einzige Weg, Oliven zu essen, und andere intime Geständnisse*. Frankfurt am Main: Ullstein.

Cutler, W. (1994): *Rhythmus der Liebe. Die Zyklen der weiblichen und männlichen Hormone und ihr Einfluß auf eine erfüllte Sexualität*. München: Heyne.

Davis, E. (1994): *Muster der Sinnlichkeit. Die Zyklen weiblicher Sexualität*. Frankfurt am Main: Krüger.

Ebberfeld, I. (1998): *Botenstoffe der Liebe. Über das innige Verhältnis von Geruch und Sexualität*. Frankfurt am Main: Campus.

Ecker, D./Scheidt, B. (1998): *Sexualität und Krankheit: Die Last mit der Lust*. Hamburg: Verlag Dr. Korvac.

Friday, N. (1983): *Die sexuellen Phantasien der Frauen*. Hamburg: Rowohlt.

Gotved, H. (1989): *Beckenboden und Sexualität*. Stuttgart: Trias.

Grammer, K. (1995): *Signale der Liebe. Die biologischen Gesetze der Partnerschaft*. München: dtv.

Heiman, J./LoPiccolo, L./LoPiccolo, J. (1978): *Gelöst im Orgasmus*. Frankfurt am Main: Verlag für Humanistische Psychologie.

Hite, S. (1990): *Hite Report. Das sexuelle Erleben der Frau*. München: Goldmann.

Hite, S. (1990): *Das sexuelle Erleben des Mannes*. München: Goldmann.

Hoyndorf, S./Reinhold, M./Christmann, F. (1995): *Behandlung sexueller Störungen. Ätiologie, Diagnostik, Therapie: Sexuelle Dysfunktionen, Mißbrauch und Delinquenz*. Weinheim: Psychologie Verlags Union.

Kahn Ladas, A./Whipple, B./Perry, J. (1984): *Der G-Punkt. Das stärkste erotische Zentrum der Frauen.* München: Heyne.

Kitzinger, S. (1984): *Sexualität im Leben der Frau.* München: Biederstein.

Langbein, K./Skalnik, C. (1998): *Viagra. Neue Potenz für Männer, mehr Lust für Frauen?* Köln: Kiepenheuer & Witsch.

Maercker, A. (Hrsg.) (1999): »Posttraumatische Belastungsstörungen«. In: *Verhaltenstherapie 9* (4), Themenheft.

Maltz, W./Boss, S. (1999): *Die geheimsten Gedanken der Frauen.* Hamburg: Rowohlt.

Masters, W./Johnson, V. (1970): *Die sexuelle Revolution.* Hamburg: Rowohlt.

Petzold, H., Orth, I. (1996): »Therapietagebücher, Lebenspanorama, Gesundheits-/Krankheitspanorama als Instrumente der Symbolisierung und karrierebezogenen Arbeit in der Integrativen Therapie«. In: Petzold, H./Sieper, J. (Hrsg.): *Integration und Kreation,* Bd. 1., 125–172. Paderborn: Junfermann.

Petzold, H./Orth, I. (1996): »Integrative Kunstpsychotherapie und therapeutische Arbeit mit ›kreativen Medien‹ an der EAG«. In: Petzold, H./Sieper, J. (Hrsg.): *Integration und Kreation,* Bd. 2, 559–571. Paderborn: Junfermann.

Quilliam, S. (1997): *Sexbuch nur für Frauen.* München: Mosaik Verlag.

Reinisch, J.M./Bensley, R. (1990): *Der neue Kinsey Institut Report. Sexualität heute.* München: Heyne.

Rosenberg, J.L. (1980): *Bewegen und Erregen.* Zürich: Tanner & Staehelin Verlag.

Schmidt, G. (1988): *Das große DieDerDas. Über das Sexuelle.* Hamburg: Rowohlt.

Sydow, K. von (1993): *Lebenslust.* Bern: Huber.

Wendt, H. (1979): *Integrative Sexualtherapie.* München: Pfeiffer.

Zilbergeld, B. (1985): *Männliche Sexualität.* München: Forum für Verhaltenstherapie und psychosoziale Praxis, Bd. 5.

Zilbergeld, B. (1994): *Die neue Sexualität der Männer.* Tübingen: DGVT.

Sachwortregister